コンサルティングビジネス

就職を控える学生から
プロフェッショナルまで
楽しく読める
コンサルティングの教養

藤熊浩平
Kohei Fujikuma

All About THE CONSULTING BUSINESS

CROSSMEDIA PUBLISHING

はじめに

「コンサルティング」、略して「コンサル」と聞いて、何を思い浮かべるでしょうか。

おそらく、言葉の意味はわかる、けれども、具体的な説明を求められると困る、というのが、多くの方の反応ではないかと思います。

「コンサルタント」は十人十色、「コンサルティング」のスタイルも百人百様で、その稼ぎ方（ビジネスモデル）も千差万別です。本書では、そんな「コンサルティングビジネス」を、様々な角度から、できるだけ多面的に解説することで、その全体像をお伝えしようという試みをします。

私は2007年に、A・T・カーニーというコンサルティングファームで、社会人としての第一歩を踏み出しました。そこで7年間を過ごした後、ボストン コンサルティング グループ（BCG）に移り、さらに4年間を過ごしました。その後、独立して、個人事業主としてコンサルティングに携わった後、2022年8月にSHAPE Partners（シェイプパートナーズ）というプロフェッショナルファームを創業して、今に至ります。
すでに20年近く、コンサルティング業界にいることになりますが、その間に、「大手の戦略ファームの社員」として、「フリーのコンサルタント」として、「新興系のファームの経営者」として、それぞれの立場でこの業界に関わってきました。

本書では、そこで経験したことや見聞きしたことを、良いところも悪いところも包み隠さず、できるだけ中立的かつ客観的な視点から書いています。一方、自分はまだ業界内の当事者としての立場にもあるので、無意識のうちに「ポジショントーク」が混ざっている可能性がある点は、ご容赦いただければと思います。

本書の構成を、ざっくり説明しておきましょう。
最初は、「組織（コンサルティングファーム）」にフォーカスを当てて紹介しています。第1章で、「コンサルティング業界の歴史」をたどりながら、市場全体を俯瞰した上で、第2章で「戦略ファーム」、第3章で「総合ファーム」、第4章で「異業種からの参入」や「新興系のファーム」について、それぞれの動向を深掘りしています。

次に、「人（コンサルタント）」の働き方や成長の過程にフォーカスを移していきます。第5章で「プロジェクト」、第6章で「スキル」、第7章で「キャリア」について、それぞれ深掘りしています。

そして第8章で、コンサルティング業界の「負の側面(闇の歴史)」についてもスポットライトを当てています。

最後に第9章で、「コンサルティングビジネスの今後」について、考察しています。

本書を通じて、次のようなことが達成できれば、著者冥利に尽きます。

・これから、コンサルティング業界を目指す人にとって、今後のキャリアを考える上での視点が増え、意思決定の解像度が上がる
・今、コンサルティング業界の中にいる人にとって、改めて自身のキャリアを見つめ直すきっかけになる
・どこかで、コンサルタントと接する機会がある人にとって、相手のことをより深く理解する一助になる

それでは、始めていきましょう。

第2章 「外資系」に学ぶ戦略コンサルの世界

Chapter 2 : The World of Strategic Consulting

第3章 「ワンストップサービス」に学ぶ総合コンサルの世界

Chapter 3 : The World of General Consulting

第4章 「異業種格闘戦」に学ぶ コンサル群雄割拠の世界

Chapter 4 : The World of Consulting Competitors

第5章 戦略ケースから学ぶコンサルプロジェクトの世界

Chapter 5 : The World of Consulting Project

第6章 カタカナ言葉から学ぶコンサルスキルの世界

Chapter 6 : The World of Consulting Skill

第7章 人材輩出企業から学ぶコンサルキャリアの世界

Chapter 7 : The World of Consulting Career

第8章 史実から学ぶコンサルの闇の世界

Chapter 8 : The World of Darkness

第9章 「AIの進化」に学ぶこれからのコンサルティングビジネスの世界

Chapter 9 : The Future of Consulting

カバーデザイン　金澤浩二
イラスト　生田目和剛

第1章

時代背景から学ぶ コンサルの歴史の世界

Chapter 1 :
The History of Consulting

ALL ABOUT THE CONSULTING BUSINESS

1

コンサルティングとは何か

世の中には、いろんな「コンサルタント」がいます。

経営コンサルタントをはじめ、ITコンサルタントやキャリアコンサルタント、話し方コンサルタントから片づけコンサルタントまで、試しにウィキペディアで調べてみると、実に92種類もの「コンサルタント」が紹介されていました(2025年1月時点)。

そもそも「コンサルティング」とは、どのような仕事なのでしょうか。

職業の数だけ様々な定義があると思いますが、少なくとも共通するのは、「第三者的な立場」から、相手に「付加価値」を提供しているという、2点を押さえていることです。

まず、「第三者的な立場」というのがポイントで、当事者ではないからこそ、客観的な見地から「相手ファースト」のアドバイスや解決策を提示することができます。

似て非なるものに、「コンサルティング営業」があります。こちらは主語が自分にあり、「自分ファースト」で既存の商品やサービスを売り込むこと（営業）が目的で、そのための手段として「コンサルティング」を利用しているものなので、混同しないように見極めが必要です。

次に「付加価値」、すなわち「価値を付け加える」というのも重要なポイントです。「価値を付け加える」ためには、当然ですが何かしらかの観点で相手を上回っている必要があります。それは、専門的な知識やノウハウ、積み上げた実績や経験、練り上げた理論や解決法などケースバイケースですが、相手と同じレベルにあるものには「付加価値」はありません。

では、そのコンサルティングを「ビジネス」にするとは、どういうことでしょうか。「コンサルティングビジネス」が成立する要件として、次の2つが挙げられます。

①付加価値を継続的に提供できる仕組みがあること
②その価値に対して、相応の対価を支払ってくれるクライアント（顧客）がいること

①について、かつて付加価値があったものも、何度も繰り返し提供していると、相手も同じレベルにまで引き上がっていき、いずれ存在価値がなくなってしまいます。そのため、蓄積した知見やノウハウが枯渇するよりも早く、新たな付加価値を生み出していく仕組みがなければ、「ビジネス」としては続けることができなくなります。

また、新たな価値を生み出す活動にはコストがかかるので、②の要件である「相応の対価を支払ってくれるクライアント」が必要になります。コンサルタントのクライアントになるのは、個人の場合もあれば法人の場合もありますが、一般的には法人を相手にした方が「ビジネス」のスケールとしては大きくなります。本書では主にこちらを対象として、話を進めていきます。

ALL ABOUT THE CONSULTING BUSINESS

2

コンサルティングビジネスは中国戦国時代から存在した？

先ほどの成立要件②に照らすと、対価を支払ってくれるクライアントが出現した時点、すなわち富と権力が集中し始めた時代から、コンサルティングビジネスは存在していたと推察されます。

例えば、中国の戦国時代（漫画『キングダム』のモデルとなっている時代）には、「墨家」という思想集団が存在したと伝えられています。各国が覇を競って戦いを繰り広げる中、墨家は平和主義を唱えて「非攻の論」を説き、その理想を実現するべく、はた目には矛盾するような屈強な傭兵集団を携えていたとされます。

そして、自ら侵略することは絶対にせず、各国から要請があった時にのみ出動し、ただただ守りに特化した支援を行っていたといいます。そのあり様からは、「墨守」（かたくなに守り通すこと）」という言葉も生まれています。

もしかしたら、歴史上で最初の「戦略」コンサルティングファームは、中国の戦国時代に存在していたのかもしれません。

あるいは、日本にはかつて「陰陽師《おんみょうじ》」と呼ばれる職業が存在しました。占いやまじないを生業とする人たちで、平安時代に活躍した安倍晴明がその代表格です。その頃は、天皇に富と権力が集中していた時代で、陰陽師は宮廷で貴族を相手に「ビジネス」を行っていました。

時は流れ、武家社会に移行すると、天皇への一極集中から、地方の大名へと富と権力が分散していきます。すると陰陽師も、それに合わせて地方に散っていき、大名に仕える「軍師」として活躍したものもいたとされます。

さらに時は流れて、明治時代になると、新政府が西洋文明を積極的に取り入れたため、陰陽師は歴史の表舞台から姿を消すことになります。ただ、その活動は、時々の権力者をクライアントに、姿や形を変えながら、千年以上も続いていたことになります。

もしかしたら、歴史上で最長のコンサルティング部隊は、かつての日本に存在していたのかもしれません。

このように、誰をクライアントにして、どのような価値を提供するかは、時代とともに移り変わっていることがわかります。

そして、産業革命を契機に、経済の中心が「工業」や、それを営む「企業」へと移行し、新たなクライアントとして台頭してきます。また、提供する付加価値も、「戦争の仕方」や「不可思議なものに対処する術」などから、「儲けにつながること（経営の仕方）」に変化し、その提供方法も、より科学的なものへと進化していきます。

こうして、現在の「経営コンサルティング」の原型が誕生するのです。

ALL ABOUT THE CONSULTING BUSINESS

3

経営コンサルティングはいつ誕生したのか

現在の経営コンサルティングの萌芽は、19世紀後半の米国に見出すことができます。

まず、「世界で最初の経営コンサルタント」として名前が挙がるのは、米国人の技術者、フレデリック・テイラーです。テイラーは、数多くの特許を取得し、それらを基礎にした「科学的管理法」を考案して、工場の生産性を改善するとともに、「マネジメント」の概念を確立したと言われています。

また、現存する「世界で最初の経営コンサルティングファーム」として、1886年に誕生したアーサー・D・リトル（ADL）の名前が挙がります。社名になっているリトル博士は化学の研究者で、創業当初はマサチューセッツ工科大学のキャンパス内にオフィスを構え、技術開発の委託研究を行っていたとされます。

時を同じくして、1881年にペンシルバニア大学ウォートン校に、米国で最初の経営学部（ビジネススクール）が設立され、「経営学」という学問領域が誕生します。これに伴い、経営に関する研究が進むとともに、経営学を学んだ人材（ＭＢＡホルダー）が、次々と社会に輩出されるようになります。

20世紀に入ると、経営コンサルティング業界は環境変化の波にも乗って、さらに勢力を拡げていきます。

１９１４年には、ブーズ＆カンパニー（現在はＰｗＣ傘下のストラテジー＆）が設立されます。このファームは政府機関や軍需産業への支援を行うことが特徴的でしたが、当時は世界大戦の最中で、戦争特需の追い風も受けて成長を遂げます。

１９２６年には、おそらく世界で最も有名な経営コンサルティングファームである、マッキンゼー＆カンパニーが設立されます。その直後の１９２９年から世界恐慌が始まり、市場環境的には厳しい門出となりますが、実はこれが後にマッキンゼーにとっての追い風に変わります。

世界恐慌で痛手を負った米国政府は、その教訓を踏まえ、市場の健全性を担保するための様々な法律や規制を定めます。当時、企業への経営アドバイスは、コンサルティングファームだけではなく、銀行や会計事務所なども行っていました。

しかし、銀行が融資先に、会計事務所が監査先に行う経営アドバイスは、本業のビジネスと完全に切り離すことができず、利益相反を起こして市場をゆがめる可能性があるので、世界恐慌を機に規制の対象となりました。

その結果、企業に経営アドバイスを行えるのは、完全に中立的な立場にある独立系のファームに限られ、コンサルティング業界は〝漁夫の利〟を得て成長を加速させます。

その後、経営コンサルティングファームはさらなる拡大を続けるとともに、分離独立によって枝分かれしていきます。

まず、1939年にマッキンゼーと袂を分かつ形でA・T・カーニーが設立されます。1963年には、ADLでキャリアを積んだブルース・ヘンダーソンが、ボストン コンサルティング グループ（BCG）を設立します。

さらに、そのBCGからスピンアウトする形で、1967年にローランド・ベルガー、1973年にベイン&カンパニーが誕生します。これらのファームは、日本でも「外資系」コンサルティングファームとして活動しています。

なかでもBCGは、いち早く日本に進出したファームで、1966年（設立から3年後）には、東京オフィスを開設しています。その後、日本でも順調に拡大を続けたBCG

図1　外資系戦略ファームの系譜

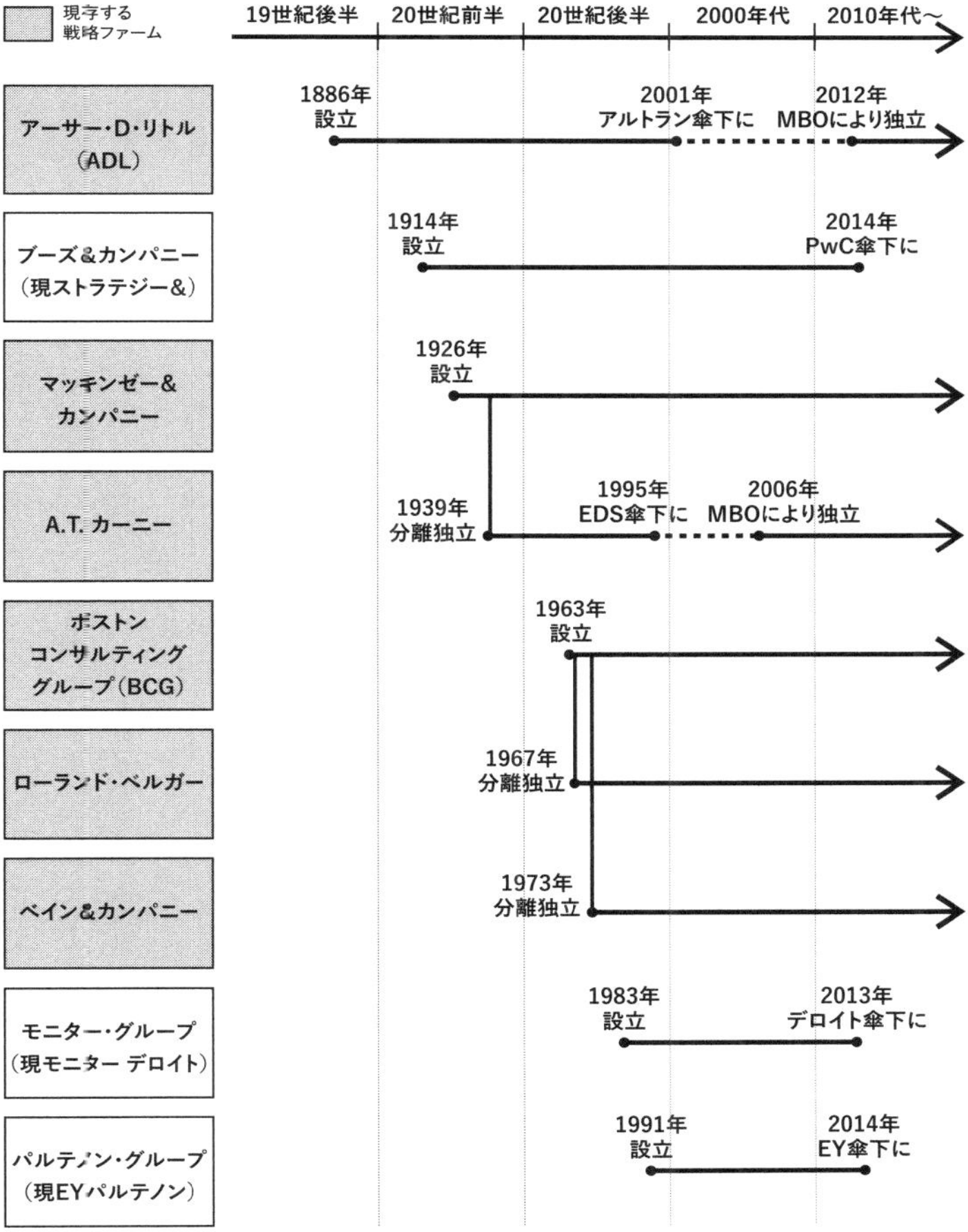

ジャパンからは、さらにスピンアウトする形で、コーポレイト ディレクション（CDI）やドリームインキュベータ（DI）といった、日本発の経営コンサルティングファームも誕生しています。

ここで紹介したファームは、経営の中でも根幹を担う「戦略」を主に支援することから、「戦略コンサルティングファーム」と呼ばれたりもします。その詳細については、第2章で紹介します。

ALL ABOUT THE CONSULTING BUSINESS

4

ＩＴ化で急成長したコンサルティング業界

19ページで産業革命が経営コンサルティング誕生の契機となったという話をしましたが、20世紀後半から始まった情報革命（ＩＴ化の進展）は、コンサルティングの支援領域を「経営」以外にも広げ、巨大ビジネスへと引き上げることになります。

まず登場するのは、企業にコンピュータなどの情報機器（ハードウェア）を提供していたＩＢＭです。ＩＢＭは、最初は「メーカー」として成長を遂げますが、徐々に事業領域を「サービス（情報機器の活用支援）」や「ソリューション（情報機器活用による企業課題の解決）」へと拡げていき、いわゆる「ＩＴコンサルティング」業務も手がけるようになります。

しかし、この事業展開が、ハードウェア市場における優越的地位を利用してサービス・ソリューション市場を独占しているとして、独占禁止法の適用を受けることになります。

そして1956年、IBMに対して「35年間にわたるコンサルティング業務の禁止」という判決が言い渡されます。

IBMがITコンサルティング市場から退場し、まず恩恵を受けたのは、ハードウェアを取り扱わないITソリューション事業者(システムインテグレーター)でした。

一番の成長株は、エレクトロニック・データ・システムズ(EDS)で、戦略ファーム(A・T・カーニー)を傘下に収めていた時期もあります。ちなみに、A・T・カーニーはその後MBOにより独立し、EDS本体はヒューレット・パッカードに買収されて現在は消滅しています。

次に恩恵を受けたのは、大手会計事務所でした。コンピュータの登場により、最初にシステム化が進んだのが企業会計の領域でしたが、そこでいち早くノウハウを蓄積していた会計事務所は、ITコンサルティング需要の受け皿となり、事業領域を拡げていきます。

会計事務所といえば、先ほど紹介した世界恐慌を機に、中立性の観点から監査対象企業への「経営」コンサルティングを禁止されていました。しかし、その後に派生した「IT」コンサルティングは、その規制の枠外という解釈のもと、再び事業化に成功します。

20世紀の後半は、ＩＴ化の進展により、企業の規模拡大やグローバル化が一気に進んだ時代でもあります。それに伴い、経営の複雑性や業務の専門性が増していき、各会計事務所もそれに呼応する形で、会計やシステム以外の業務（税務・法務・労務・人事など）にも支援範囲を拡げていきます。

そして、会社に必要な機能を丸ごと全部請け負う「総合コンサルティングファーム」の原型が作られていきます。このあたりの詳細は、第3章で紹介します。

このように、支援業務の範囲を拡大していった会計事務所の中には、コンサルティング部門の売上が、本業の会計監査部門の売上を上回るケースも出てきます。そして、ここに来て再び、会社を外側から監視する監査部門と、内側から改善するコンサルティング部門の利益相反に直面することになります。

当時は「ＢＩＧ５」と呼ばれる5大会計事務所が存在していましたが、その中の1つ、アーサー・アンダーセンは、コンサルティング部門を本体から分離独立させる道を選び、それが現在、世界最大のコンサルティングファームであるアクセンチュアとなります。

そして、残されたアーサー・アンダーセンの本体が、「エンロン事件」を引き起こし、コンサル業界再編の引き金を引くこととなります。

ALL ABOUT THE CONSULTING BUSINESS

5

業界を再編した「エンロン事件」

ここまで、コンサルティングビジネスの誕生から拡大に至る経緯を紹介してきましたが、その道中で業界に大きな影響を与えた出来事があります。それが、米国の巨大エネルギー会社「エンロン」に関する事件です。

21世紀の幕が開けた2001年、エンロン社が度重なる不正会計を行っていたことが発覚し、倒産に追い込まれることになります。翌2002年には、今度は米国の大手電気通信事業者のワールドコム社が、同じく不正会計の発覚により倒産に追い込まれます。

そして、この両社の会計監査を行っていたのが、先ほど挙げたアーサー・アンダーセンでした。同社は、会社を外部から監査する立場にありながら、不正に加担していたことが調査で明らかになり、これらの事件を受けて、ほどなく廃業することになります。

しかし、話はここでは終わりません。事件の調査の過程で、同社が監査報酬とは別に、多額のコンサルティング報酬も得ていたことが明らかになります。そして、世界恐慌の時と同じ利益相反の議論（コンサルをしている会社の監査を中立的に行えるはずがない）が再び巻き起こり、それを明確に禁止する「サーベンス・オクスリー法（通称ＳＯＸ法）」が制定されます。

ＳＯＸ法の成立によって、大手会計事務所は再び、監査部門とコンサルティング部門の切り離しを求められます。そして、アーサー・アンダーセンの消滅により「ＢＩＧ４」となった大手会計事務所は、コンサルティング市場から二度目の退場を余儀なくされます。

21世紀の最初の10年は、コンサルティング業界にとって冬の時代でもありました。

２０００年のドットコムバブルの崩壊、２００８年のリーマン・ショックに端を発した世界的な金融危機によって、右肩上がりの成長にブレーキがかかり、人員の整理も行われました。

二度にわたる不況を耐え忍んだコンサルティング業界は、２０１０年代に入ると一転、成長軌道に乗り始めます。その流れの中で、二度も市場から退出させられた大手会計事務所は、三度目の正直とばかりに再々参入に動きます。

ただし、今度は慎重を期して、監査対象企業との間に厳格なファイアーウォール（機密情報の遮断壁）を設置し、「コンサルティング」ではなく「アドバイザリー」という名目で、かつての支援業務を再開します。

二度の退場によって遅れをとったBIG4は、豊富な資金力を背景に買収合戦を繰り広げ、一気に遅れを取り戻していきます。そして、その勢いは、戦略コンサルティングファームをも飲み込んでいきます。

2013年、デロイトがモニター・グループ（1983年にハーバード・ビジネス・スクールの教授陣が設立した戦略ファーム）を買収します。翌2014年には、PwCがブーズ&カンパニーを、EYがパルテノン・グループ（1991年にボストンで創業した戦略ファーム）を買収します。現在はそれぞれ、モニター デロイト、ストラテジー&、EYパルテノンとして、BIG4の「戦略部隊」として存続しています。

ここにきてコンサルティング業界は、異なる出自のファームが同じ土俵で競い合う、「異業種格闘戦」の様相を呈すようになります。

ALL ABOUT THE CONSULTING BUSINESS

6 異業種格闘戦へ

コンサルティング業界では、クライアントを支援する際の領域を川の流れに例えて、「上流」「下流」と呼ぶことがあります。

「上流」は戦略構想や計画策定などを指し、主に戦略ファームが支援してきた領域です。「下流」はオペレーション改善やシステム開発・運用などを指し、主に総合ファームが支援してきた領域になります。

先ほど「ＢＩＧ４が戦略ファームを飲み込んだ」という話をしましたが、これはつまり、総合ファームが下流から上流へと領域を拡張してきたことを意味します。それに対抗して、戦略ファーム各社も「戦略から実行まで」を掲げ、下流へと侵攻していきます。

例えばマッキンゼーは、２０１０年にマッキンゼーインプリメンテーション、２０１５年にマッキンゼー・デジタルを立ち上げ、実行支援に特化したコンサルタントやデジタル領域のエキスパートの採用を開始します。ＢＣＧも同様に、２０００年にＩＴ領域専門のプラティニオン、２０１５年にＡＩ領域専門のガンマを立ち上げ、各領域のエキスパートを積極的に採用（または会社ごと買収）し、総合ファームの主戦場へと乗り込みます。

一方、日本では同じく「総合」を冠する総合商社も、関連企業にソリューションを提供するプレーヤーとして存在感を示してきました。

なかでも先陣を切ったのは三菱商事で、２００８年にＩＴコンサルティングを手がけるシグマクシスを傘下に設立します。シグマクシスは順調に勢力を拡大し、２０１３年には上場も果たしますが、その後は三菱商事との資本関係を解消して、現在では別の総合商社、伊藤忠商事と資本業務提携を結んでいます。

伊藤忠商事は、子会社の伊藤忠テクノソリューションズ（ＣＴＣ）を中心に、関連企業のシステム開発・運用を手がけてきましたが、そこにシグマクシスが加わることで、より上流のＩＴコンサルティングから案件を獲得できるようになりました。

さらに足元では、伊藤忠商事は下流へと手を拡げてきたＢＣＧと手を組み、Ｉ＆Ｂコンサルティングという合弁会社を設立し、最上流の戦略構築から最下流のシステム実装までを一気通貫で支援する、ＤＸコンサルティングを提供しようとしています。この合弁会社設立の背後には、同様の支援をワンストップで提供可能なDXコンサルティングの王者、アクセンチュアへの対抗意識が透けて見えます。

アクセンチュアは、オペレーションやシステムを出口としたワンストップ支援に加え、顧客体験設計やマーケティングの領域においても、同じく上流から下流まで一気通貫での支援を行っています。「ソング」という専門の部隊を持ち、マーケターやクリエイター、デザイナーなどの多様な人材を抱え、クリエイティブエージェンシー「Drago5」を傘下に収めるなど、急速に勢力を拡大してきました。

日本において、これまで同様の支援サービスを提供してきたのが、電通や博報堂を始めとする広告代理店でした。アクセンチュアの勢力拡大と時期を同じくして、これらの広告代理店も、コンサルティング機能の強化に乗り出します。

電通は、電通コンサルティングや電通デジタルなどをグループ内に立ち上げるとともに、ドリームインキュベータに資本参画し、持分法適用会社としています。博報堂も、博報堂コンサルティングをグループ内に立ち上げるとともに、戦略事業組織「ｋｙｕ」を通じて、世界中のクリエイティブサービス企業に資本参画し、デザインコンサルティングファーム「ＩＤＥＯ」も傘下に収めています。

図2　日本のコンサルティング業界の足元の勢力図

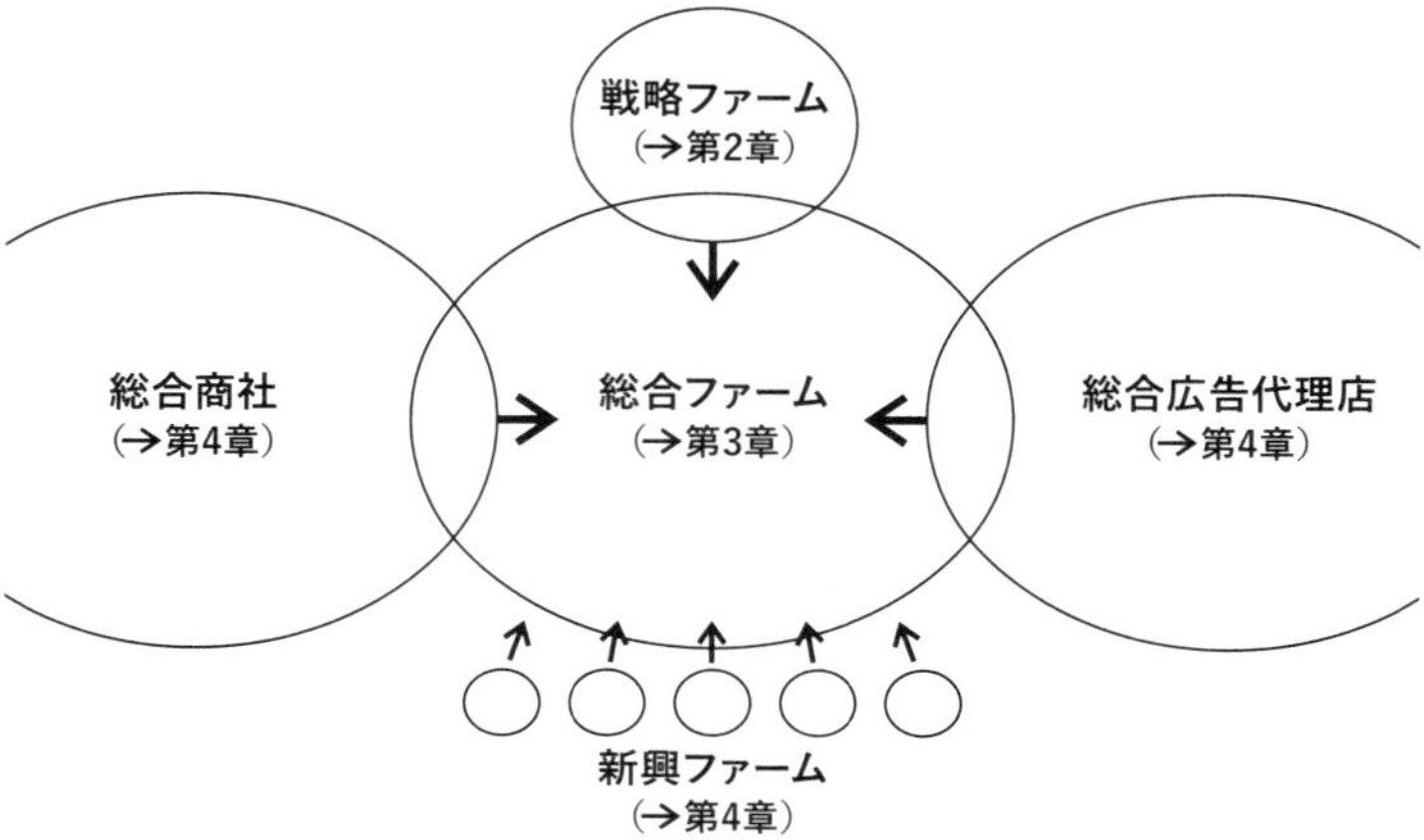

ほかにも着目すべき動きとして、新興系のコンサルティングファームが雨後の筍のように次々と生まれていることも見過ごせません。コンサルティング市場が右肩上がりで拡大を続ける中で、それに合わせてコンサルタントの数も飛躍的に増え、その中で独立という道を選ぶ人も増えたことが、その要因かと思います。

独立後の進路は、少数精鋭を貫くもの、他社の傘下に入るもの、拡大を続けて上場を目指すものと様々ですが、なかにはベイカレントのように、ＢＩＧ４の日本法人と肩を並べる規模にまで達するファームも出てきています。

以上をまとめると、日本のコンサルティング業界の足元の勢力図は、真ん中に総合ファーム（ＢＩＧ４＋アクセンチュア）が鎮座する中で、上からは戦略ファームの実行部隊による侵攻、両横からは総合商社と広告代理店の異業種参入による挟み撃ち、下からは新規参入による突き上げが起きているという構図になります。

このあたりの詳細は、第４章で改めて掘り下げていきます。

ALL ABOUT THE CONSULTING BUSINESS COLUMN

世界と日本のコンサル市場の比較

本章では、コンサルティング業界の成長の軌跡を、時代背景とともにたどってきました。最後に、数字の観点からも市場拡大の推移を見てみましょう。

まずは、世界のコンサルティング市場について紹介します。

過去の情報をさかのぼると、1960年の大手会計事務所の売上ランキング（当時はBIG8）があります。コンサルティング以外の監査や税務も含む売上にはなりますが、その合計は約2・6億ドルとなっています。

そこから30年が経った1990年の売上ランキング（この時にはBIG6）では、その合計はおよそ40倍の約110億ドルにまで拡大しています。

さらに30年が経った2024年現在、総合ファーム（BIG4＋アクセンチュア）の売上合計は、約2800億ドル（約40兆円）にも及んでいます。

つまり、この60年で総合ファーム全体の売上は約1000倍になり、その間のCAGR（年平均成長率）は10%を超え、物価上昇をはるかに上回るスピードで拡大してきたということです。

それ以外のファームも含めた、世界のコンサルティング市場（監査や税務は除く）の規模は、2024年現在では約3500億ドル（約50兆円）と見積もられ、直近も年率5％程度で拡大を続けています。

それに対して、日本のコンサルティング市場の規模は、足元で約2兆円（世界シェア約4％）と見積もられ、直近5年は世界平均を上回る年率10％超で拡大しています。

市場の内訳は、総合ファームが6割、戦略ファームが1割、その他が3割という構成比になっています。

かつて、日本のコンサルティング市場は、GDPに対する比率が諸外国よりも低く、まだまだ伸びしろがあると言われていました。しかし、改めて現在の比率を比較してみると、実は大差のない状況にもなっています。

世界：約3500億ドル（市場規模）÷約100兆ドル（名目GDP）＝0・35％
日本：約2兆円（市場規模）÷約600兆円（名目GDP）＝0・33％

こうなった理由は2つ考えられます。

1つは「分子」の要因で、日本のコンサルティング市場が、世界のコンサルティング市場の成長率を上回るスピードで急拡大していることです。

もう1つは「分母」の問題で、日本のGDP成長率が、世界のGDP成長率を大きく下回っていることです。

世界のGDPに占める日本のGDPのシェアは、1995年のピーク時には約18%でした。しかし、そこからの〝失われた30年〟は右肩下がりが続き、現在では、日本のコンサルティング市場の世界シェアと同じ約4%にまで落ち込んでいます。

つまり、日本のコンサルティング市場は、今や停滞市場における数少ない成長産業になっているのです。

第2章

「外資系」に学ぶ戦略コンサルの世界

Chapter 2 :

The World of Strategic Consulting

ALL ABOUT THE CONSULTING BUSINESS

1 MBBとは何か

最も長い歴史を持ち、コンサルティングの本家本流ともいえる戦略ファームから深掘りしていきたいと思います。

売上規模の観点でも、知名度の観点でも、トップ3はマッキンゼー&カンパニー、ボストン コンサルティング グループ（BCG）、ベイン&カンパニーで、その頭文字をとって「MBB」と呼ばれたりもします。まずは、この3社から見ていきましょう。

①マッキンゼー&カンパニー

世界60か国以上に展開し、約4万人の従業員を抱え、150億ドル（約2兆円）超の売上を誇る、世界最大の戦略コンサルティングファームです。

創業者は、社名にもなっているジェームズ・O・マッキンゼーですが、現在の礎を築いたのは、「経営コンサルティング産業の父」ともいわれるマービン・バウアーです。彼は、ＭＥＣＥやロジックツリーなどのコンサル思考法（詳細は第6章で紹介します）のベースを作り、従来の「グレイヘア・コンサルティング」から、「ファクトベース・コンサルティング」への転換を図りました。

前者は経験豊富な老紳士（グレイヘア）によるアドバイス、後者はデータや分析に基づく提言のことを指しますが、この転換によって「コンサルティングの民主化（豊富な経験を持った人だけのものから、新人でも実施可能なものに）」が果たされ、現在の規模拡大へとつながっています。

日本にも1971年から進出し、日本のコンサルティング市場を切り開いてきました。一方、例えばマッキンゼー・ジャパンのホームページ上に、外国人のパートナー（共同経営者）が数多く並んでいることからも、日本に深く根を張って活動しているというよりも、あくまで「グローバルファームの一支店」という色合いが強いように見受けられます。

知り合い伝手に聞く話からも、グローバル案件の比率や海外オフィスへのトランスファー制度、日本オフィスでの英語使用頻度など、いずれをとってもグローバルファーム感が最も強い印象です。

②ボストン コンサルティング グループ（BCG）

後発ながら、マッキンゼーに迫る勢いで拡大を続ける、世界第2位の戦略コンサルティングファームです。

創業者はブルース・ヘンダーソンですが、戦略ファームの中では珍しく、人の名前ではなく、創業の場所（ボストン）が社名になっています。そのため、特定の個人による主義主張のようなものが少なく、各コンサルタントの個性を尊重し、「多様性からの連帯」を標榜しているのが特徴です。

象徴的な例として、BCGではグローバルで大きな意思決定を行う場合、各国のパートナーによる投票が行われます。その際、若手からシニアまで平等に1人1票が与えられるため、数で勝る若手の意見が通りやすく、柔軟に変化してきたファームでもあります。

また、社名を「コンサルティング グループ」としている点も特徴で、コンサルティング以外の事業も含めることのできる、待ちの広い構えをとっています。特に、デジタル領域での取り組みが象徴的で、前述のプラティニオンやガンマをはじめ、BCGデジタルベンチャーズなど、専門の子会社を次々と立ち上げ、現在はそれらを「BCG X」として統合し、傘下にデジタルテクノロジーの専門家集団を抱えています。

日本には、「外資系」戦略ファームの中で最も早くオフィスを開設し、マッキンゼーとともに日本の戦略コンサルティング市場を開拓してきました。その道中、CDIやDIなどの分離独立も経験しましたが、順調に規模を拡大し、現在は売上・人数ともに日本最大の戦略コンサルティングファームになっています。

業界内では、「マッキンゼーは劇薬、BCGは漢方薬」という例えをよく耳にします。マッキンゼーがグローバルのネットワークを活かし、世界水準のあるべき提言（劇薬）を提供するのに対して、BCGは日本企業の体質に合わせ、継続的に飲み続けられる処方箋（漢方薬）を提供するという意味合いです。経営トップの権限が強い米国企業にマッキンゼーが評価され、ミドルにも意思決定権がある日本企業にBCGが評価されていることの1つの理由かと思います。

③ベイン&カンパニー

BCGに在籍していたビル・ベイン他4名が分離独立する形で設立した、比較的新しい戦略コンサルティングファームです。最後発ながら、業界に新機軸を持ち込んで急成長し、現在ではグローバルで3本の指に数えられる存在になっています。

ＢＣＧと袂を分かった際、まず掲げたのが「結果主義」でした。そして、クライアント企業の長期的な成長にコミットするべく、「1業種1社」の契約の縛りを設けます。

また、コンサルティングの成果は、最終的に「株価」によって評価されるべきとの考えから、クライアントの株価を長期的にトラッキングし、市場平均の約4倍のパフォーマンスを挙げていることも公表しています。

他にも、「結果主義」を体現するものとして、従来の固定フィーではなく、成果報酬型の料金体系を業界に先駆けて導入しています。その最たる例として、ベインキャピタルという投資ファンドを設立し、株式を取得して経営に深く関与することで企業価値を高め、最終的にＩＰＯ（新規株式公開）や他社への売却を通じて利益を得るビジネスも手がけています。

ベインの企業風土を象徴するものとして、「True North（真北）の精神」という言葉が挙げられます。方位磁針が指し示す方向（磁北）は、地軸が傾いているため、「真北」からは少しズレていて、「クライアントが北だと思っている方向は、真に進むべき方向ではないかもしれない」、そこから転じて、「常にクライアント、社員、コミュニティに対して正しいことを行う」という信条を表しています。

これは企業ロゴにもなっていて、実際に社内でも、「それはTrue Northなのか」という問いかけが、日常的になされるそうです。

続いて、ＭＢＢ以外の、現存する主要な戦略ファームについても見ていきましょう。

④Ａ・Ｔ・カーニー

創業者のアンドリュー・トーマス・カーニーは、先ほどのマッキンゼー氏とともに、一時期は「カーニー＆マッキンゼー」という看板で活動をしていました。その後、戦略を重視するマッキンゼー＆カンパニーと、オペレーションを重視するカーニー＆カンパニー（後にＡ・Ｔ・カーニーに改称）に分かれ、そのまま現在に至ります。

現在もオペレーション改善に強みを持ち、「Tangible Results（目に見える成果）」にこだわる点が特徴のファームです。実際に私が在籍していた時は、半分くらいがコスト削減系のプロジェクトでした。

一時期は、前述のＥＤＳ社の傘下に入っていましたが、２００６年にＭＢＯ（経営陣による株の買い戻し）を行い、現在は再び独立した戦略ファームになっています。

⑤アーサー・D・リトル（ADL）

前述の通り、リトル博士によって設立された、100年以上もの歴史を持つ世界最古の戦略コンサルティングファームです。大学の研究所からスタートしたという出自を引き継ぎ、現在もR&D（研究開発）や技術経営の領域に強みを持つ点が特徴です。

一時期は、民事再生法の適用を受け、仏大手エンジニアリング企業のアルトランの傘下に入りますが、2012年にMBOによって再び独立しています。

⑥ローランド・ベルガー

BCG出身のローランド・ベルガーが、ドイツのミュンヘンで設立し、ヨーロッパからグローバルに展開していった、欧州系最大の戦略コンサルティングファームです。

欧州にルーツを持つことから、米国の株主至上主義・短期利益追求型の経営をアンチテーゼに、「長期的な視野」を持った経営支援を掲げています。また、ドイツに本社があり、製造業（特に自動車業界）に強みを持つ点も特徴です。

日本のコンサルティング業界内では、「体育会系」のファームとしてエッジが立っていいます（日本オフィス固有のカルチャーなのか、グローバル共通なのかは不明です）。

ALL ABOUT THE CONSULTING BUSINESS

2 「戦略をコンサルする」とはどういうことか

これらの戦略コンサルティングファームは、実際にどのような支援を行い、具体的にどのような付加価値を提供しているのでしょうか。ここでは、「戦略をコンサルする」とはどういうことかについて解説します。

「戦略」と対をなすものとして、「戦術」という言葉があります。いずれも軍事用語ですが、「戦略」は、最終的に戦争に勝つための、大局的な構想や長期的な計画のことを指し、「戦術」は、それらに沿って戦争を効果的・効率的に進めるための、局面ごとの最適な手法や具体的な行動のことを指します。

これらを企業活動に置き換えると、競合に勝つための大局的な構想や長期的な計画を支援するのが「戦略」コンサル、局面ごとの最適な手法や具体的なツールの導入を支援するのが「専門」コンサルという棲み分けになります。

つまり、「戦略をコンサルする」ためには、大局的に構想する広い視野と、長期的な計画を立てる高い視座の、2つが必要になるということです。

また、戦略コンサルの最終ゴールは、「クライアントを競争に勝たせること」なので、「1業種1社」の支援が基本で、競合関係にある企業を同時に支援することはご法度です。さらに、競合は競合で、勝つための「戦略」を練ってくる(場合によっては別のコンサルが支援している)ので、単純で静的なゲームではなく、複雑で動的なゲームとなります。したがって、戦略コンサルが提供するものは、あらかじめパッケージ化された一般解ではなく、常にカスタマイズされた個別解となります。

一方、「戦略」という言葉は、現在では広義に使われていて、「●●戦略」という形で、いろんなレベル感のものが混在しています。例えば、会社組織の階層別に、次のようなものが挙げられます。

・全社レベル：中長期成長戦略、グローバル戦略、事業ポートフォリオ戦略、R&D戦略、M&A戦略など

・事業レベル：新規事業戦略、新興市場参入戦略、ブランドポートフォリオ戦略、アライア

ンス戦略など

・業務レベル：マーケティング戦略（商品戦略、価格戦略、チャネル戦略、プロモーション戦略）、営業戦略、システム戦略、調達戦略、財務戦略、人事戦略など

前半の方は、「経営課題」や「ＣＸＯアジェンダ」などと呼ばれるもので、より広い視野と高い視座から「個別解」を導き出す必要があるため、戦略コンサルの主戦場となります。後半の方も、戦略コンサルの支援メニューに含まれますが、より深い専門性に基づいた「一般解（セオリー的なもの）」も存在するため、専門コンサルと競合している領域になります。

ただし、両者で価値を提供する際の切り口は異なり、戦略コンサルが「ＷＨＹ（なぜすべきか）」や「ＷＨＡＴ（何をすべきか）」に応えるのに対して、専門コンサルは「ＨＯＷ（どうすべきか）」に応えるという違いがあります。

ALL ABOUT THE CONSULTING BUSINESS

3

戦略コンサルの価値提供モデル

では、戦略ファーム各社は、付加価値をどのように生み出しているのでしょうか。

結論から言うと、戦略コンサルの付加価値の源泉は、「①人材」「②情報加工システム」「③グローバルネットワーク」の3要素の組み合わせにあると考えています。

それぞれ順番に紹介していきましょう。

①人材

戦略ファームは、「ベスト&ブライテスト（最良で聡明）」といわれる人たちを惹きつけ、厳選採用し、手塩にかけて育成しています。その上で、「Up or Out（昇進しなければ退職）」と呼ばれる自然淘汰の仕組みを導入して、在籍するコンサルタントの質を常に一定以上に保っています（詳細は第7章で紹介します）。

②情報加工システム

コンサルティング業は「情報を付加価値に転換する仕事」ともいえます。戦略コンサルの場合は特に、前述の通り、見るべき情報の範囲が広く、考慮すべき時間軸も長くなるので、価値転換の生産性がとても重要になります。そのため、戦略ファーム内には、個人の思考の仕方においても、チームの連携の仕方においても、生産性を高めるためのノウハウが蓄積され、プロセスが整備されています（詳細は第5章で紹介します）。

例えるなら、戦略ファームは、情報の「インプット（収集）→プロセッシング（加工）→アウトプット（価値）」を高速で行う生産ラインを配備した「付加価値製造工場」のようなものです。

③グローバルネットワーク

世界中にオフィスを展開していることのアドバンテージは、先ほどの「生産ライン」に流し込む情報の範囲と精度が高まることです。日本のコンサルティングビジネスの黎明期には、単純な「情報のアービトラージ（海外と国内の情報格差によるサヤ取り）」も行われていました。ただ、今ではインターネットの普及により、そのモデルは通用しなくなりました。そのため、公開情報だけではなく、「活きた情報」を仕入れるべく、どの戦略ファームも、グローバルのネットワーキングを重視しています。

コンサルティングファームでは、「業界」別と「機能」別に、「プラクティス」と呼ばれる専門グループを組成して、そこでグローバルの知見を共有・蓄積しています。

例えば、私がＢＣＧにいた時には、所属する「消費財プラクティス」と「マーケティング＆セールスプラクティス」で、それぞれ「アジア」と「グローバル」の単位で、年に計４回、世界各国のプロジェクトで得られた最新知見を、互いに共有する場がありました。そして、そこで仕入れた「活きた情報」が、クライアントへの付加価値につながったり、そこで築いた人間関係が、プロジェクトで困った時の助け舟になったりもしました。

以上の３つが、戦略コンサルティングファームにおける「付加価値を継続的に提供できる仕組み」と考えています。

例えてみるなら、戦略ファームは、コンサルタントというハイスペックなプロセッサーを使って、付加価値の創出に特化したアルゴリズムを進化させ続けている、「グローバルレベルの巨大生成ＡＩ」のようなものかもしれません。

ALL ABOUT THE CONSULTING BUSINESS

4

戦略ファームのコンサルフィー

ここで、第1章の振り返りですが、コンサルティングビジネスが成立する要件として、「①付加価値を継続的に提供できる仕組み」と、「②価値に対して相応の対価を支払ってくれるクライアントがいること」の2つがありました。

前段で、戦略ファームの「①価値提供モデル」を紹介しましたが、これが「ビジネス」といえるためには、もう1つの成立要件②をクリアする必要があります。

では、戦略ファームは、どのようにして「相応の対価」を稼いでいるのでしょうか。

実は、戦略コンサルティングは、「お金を稼ぐ」という観点では、とても「効率の悪い」ビジネスなのです。

先ほど、戦略コンサルが提供するものは、「あらかじめパッケージ化された一般解ではなく、常にカスタマイズされた個別解となる」という話をしました。これをビジネス的な観点から捉え直してみると、「量産化によるスケールメリットを享受することができず、毎回手間ひまかけて〝一点もの〟を作り込むため、労働集約的にならざるを得ない」、つまり、「効率的に稼げていない」ということになります。

コンサルティング業界には、ファームの効率性を測るモノサシとして、「パートナー・レバレッジ」という指標があります。これは、ファームの経営陣（パートナー）の数に対して、それ以下のメンバーの比率がどれくらいかを示す指標です。戦略ファームの場合、「5〜10」が一般的な水準となります。

これが、第3章で紹介する総合ファームになると「10〜30」の水準になり、パートナーが深く関与しなくても回るような、定型化された仕事の割合が多い、つまり、「効率的に稼げている」ということになります。

そのため戦略ファームがクライアントに請求するフィーは、どうしても高くなる構造にあります。一般的なフィーの見積もりは、「プロジェクトに従事するコンサルタントの単価（チャージレート）×関与する工数」によって算出しますが、戦略ファームの単価は、ジュニアコンサルタントでも月に数百万円、シニアコンサルタントになると月に一千万円を超えることもあります。

戦略プロジェクトの場合、「パートナー（部分関与）＋マネジャー1名＋コンサルタント3名」という体制が標準の座組となり、月あたりで数千万円のフィーがかかってきます。そして、プロジェクトの期間は平均3ヶ月なので、戦略ファームに発注すると優に1億円以上を支払うことになります。

1億円以上のコンサルフィーとなると、戦略ファームに依頼ができるのは、おのずと大企業（または政府）に限られてしまいます。目安としては、売上で1千億円以上、営業利益で100億円以上を稼いでいる企業だと、1億円のコンサルフィーの負担が利益の1％未満となるので、継続的に戦略ファームに発注できるという計算になります。

実際に、戦略ファームの主なクライアントは、売上1兆円を超える大企業が中心となり、戦略ファームは1つの企業から複数のプロジェクトを受注し、年間で10億円以上を稼いでいたりもします。

一方、クライアントの側からすると、3ヶ月で1億円は相当に高い買い物になるので、それ以上の成果が上がらなければ、継続的な依頼はかないません。

そのため、戦略ファームではクライアントにまず、コンサルフィーを「費用」ではなく

「投資」と位置づけるようコミュニケーションします。その上で、投資に対するリターン（ROI）の目標を10倍以上に設定します。

言い換えると、1億円の戦略プロジェクトを請け負う場合、最終的に10億円以上の利益をクライアントにもたらすことが期待される水準となります。あるいは、それ以上の成果を約束できない場合は、プロジェクトをお断りすることもあります。

なお、本当に10倍以上のリターンが上がるなら、クライアントにとっては大成功の投資となります。例えば、2倍のコンサルフィーを支払ったとしても、十分にお釣りがくると言えるでしょう。

このことにいち早く着目したのが、先ほど紹介したベイン&カンパニーでした。そして、「結果にコミット」し、成果が上がった暁にはより高い報酬をいただく（逆に一定の成果を得られない場合は報酬がなくなる）という、新たな報酬体系を導入しました。

ALL ABOUT THE CONSULTING BUSINESS

5 成果報酬型ビジネスへのチャレンジ

ベインが先駆けて導入した成果報酬型の料金体系は、戦略コンサルティングビジネスの「効率の悪さ」を解消しうる妙手である一方で、実際に導入するにはハードルもあります。

まず、クライアントとの間で「成果」の線引きをいかに行うか、の課題があります。

例えば「売上の拡大」という結果は、それまでのクライアントの企業活動の積み重ねも含めた複合要因でもあるので、どこまでがコンサルティングプロジェクトの「成果」なのかの線引きが難しくなります。その一方、「コスト削減」の場合は、責任範囲の切り分けや「成果」の判定がしやすいので、すでに成果報酬の導入が進んでいます。

また、クライアントとの間に利益相反が生じうる、という課題もあります。

先ほどの「コスト削減」を例にとると、コンサルティングファームのビジネスとしては、できるだけ多くのコストを下げた方が儲かるので、「投資的な費用（将来的に大きな利益につながる可能性があるもの)」までも削減しようとしてしまいがちです。コスト削減のプロジェクトで成果を上げたら、自分たちのコンサルフィーまで減らされてしまった、というのは、コンサルティング業界でよく聞く笑い話です。

第1章でも紹介したように、足元のコンサルティング業界では、総合ファームが戦略ファームを飲み込み、「異業種格闘戦」が繰り広げられています。そんな中、戦略ファーム各社も生き残りをかけて、労働集約型の非効率的なビジネスから脱却し、より効率的に稼げる成果報酬型のビジネスを志向します。

一方、成果報酬の導入にはいくつかのハードルがあることも前述の通りです。それらを乗り越える大胆な解決策として、「成果の線引き」も「利益相反」も関係なくなるように、会社ないしは事業を「丸ごと請け負う」という手段に打って出ます。

ベインが、ベインキャピタルという投資ファンドを設立し、対象会社の株主になって、企業価値を高めた後に売却して利益を得るという、コンサルティングとは別のビジネスを展開していることは、先ほど紹介した通りです。

BCGは、BCGデジタルベンチャーズ(現・BCG X)を筆頭に、クライアントとの合弁会社(JV)を設立し、同じく企業価値の向上によって利益を得るビジネスモデルにチャレンジしています。

例えば海外では、スターバックスと、会員向けに個別最適化したマーケティングを行うＪＶ（Formation）を設立しています。日本でも、ユニ・チャームと、中国で育児メディアの運営を行うＪＶ（Onedot）を設立したり、三越伊勢丹ホールディングスと、パーソナルスタイリングサービスを提供するＪＶ（ＤＲＯＢＥ）を設立したりしています。

マッキンゼーは、また別の手法で「ＲＴＳ（Reset, Transform, Sustain）」という会社や事業を「丸ごと変革する」プログラムを開発し、成果報酬型の料金体系を導入しています。

こちらに関してマッキンゼーは、「ＲＴＳはコンサルティングサービスではありません。クライアント企業自身と、マッキンゼーがお互いに変革の成功をコミットすることを約束し、実行するパートナーシップです」と述べており、すでに２００社を超える導入実績があるとされています。

ALL ABOUT THE CONSULTING BUSINESS

6

「東京2020オリンピック」と戦略コンサル

ここで、戦略ファームが実際に支援したプロジェクトについて紹介したいと思います。突然ですが、実はＢＣＧが、２０１２年のロンドンオリンピックのオフィシャルサポーターを務めていたことをご存じでしょうか。

ＢＣＧは、スポンサー契約のメニューの中の、「Value in Kind（ＶＩＫ）」と呼ばれる「現物支給モデル」を使い、スポンサー料を支払うのではなく、相当分のコンサルティングサービスを無償提供するという形で支援していました。

具体的には、年間５００万ドルを3年間、総額１５００万ドル（約２０億円）を支払う代わりに、合計10件以上のコンサルティングプロジェクトを無償で実施していたのです。

そのうちの１つ、「顧客体験最適化プログラム」は、国際オリンピック委員会（ＩＯＣ）がベストプラクティスに認定し、以降のオリンピック大会でも活用されています。

同様の取り組みを、東京2020オリンピックでも実施しようとしていることを聞き、スポーツ好きの私は、この案件に携わるためにBCGに移りました。

BCGでは、ロンドン大会を支援したチームと連携しながら、無償プロジェクトとして東京2020組織委員会の支援をさせていただきました。ここでは、その中の1つである「チケットプライシング」について紹介します。

東京2020オリンピックでは、17日間にわたり、43会場で33競技・339種目が行われました。販売予定のチケット数は1000万枚近くにのぼり、個別の需要と全体の売上を併せて見ながら、整合性の取れる価格体系を決める必要がありました。

ただし、1000万枚の価格を1枚1枚決めるわけにはいかないので、チケットの価格に影響を与える要素を洗い出し、それらを指数化した「イベントスコア」なるものを導入して、全体の売上をシミュレーションするモデルを組みました。

この「イベントスコア」をもう少し詳しく説明すると、チケットの価格に影響を与える次のような要素ごとに点数を決めて、それらを加点・減点することにより、1000万枚のチケット価格を横並びで、一定のロジックに基づいて設定できるようにしました。

・競技特性：競技・種目・男女別の人気、日本人選手のメダル獲得可能性など
・会場特性：アクセスのしやすさ、座席数・席種、立ち見の有無など
・スケジュール特性：曜日・時間帯、トーナメントステージなど

これらの功績が認められ、晴れてＢＣＧは、東京２０２０オリンピックでもオフィシャルサポーターになります。そのプレスリリースの中で、東京２０２０組織委員会の森喜朗元会長も、この「チケットプライシング」に言及しています。

ただご存じの通り、これらの労もむなしく、新型コロナの影響によって、大半の競技は無観客での開催となってしまいました。

ALL ABOUT THE CONSULTING BUSINESS COLUMN

戦略コンサルは「時代の変曲点」に立ち会う仕事

本章の最後に、戦略ファームの仕事に興味がある方に向けて、私がA・T・カーニー在籍時に経験したプロジェクトをご紹介します。

コンサルティングを行う際には、クライアントと守秘義務契約を結ぶのが通例なので、プロジェクトの詳細については明かすことができません。ですが唯一、官庁系のプロジェクトについては、公募内容や入札結果、報告書等が開示されるので、公開情報の範囲内で、順を追って紹介していきます。

①郵政民営化

郵政民営化のプロジェクトは、私のコンサルタントとしてのデビュー戦です。最初は、マッキンゼーが、海外（ドイツやイタリアなど）で郵政事業の民営化を支援した実績を活かし、当時の郵政民営化担当大臣だった竹中平蔵氏と民営化後の絵姿を描きます。その際、マッキンゼー側で中心的役割を担った宇田左近氏が、そのまま民営化の企画準備を行う会社のボードメンバーとなり、その後は内側から改革を主導します。

そこでの改革の1つが調達コストの削減で、A・T・カーニーが支援を行い、最終的に数100億円規模のコストを削減したというのが、入社早々に経験したことでした。

余談ですが、国鉄（JR）や日本電信電話（NTT）の民営化は、「エリア」で分社化したのに、なぜ郵政は「事業」で分社化するのか。そして、郵政の事業は3つ（銀行／保険／物流）なのに、なぜ4つの会社（ゆうちょ銀行／かんぽ生命／郵便事業／郵便局）に分けるのかという話を、宇田氏が食事会の席で熱く語ってくれたことがありました。

当時、郵政民営化の論点の1つに、特定郵便局の問題がありました。全国各地の特定郵便局（約1万9千局）のネットワークが、政治（自由民主党の選挙支援）と密接に結びつき、既得権益と化していたという課題です。その課題に対して、4つの事業会社に分けるという解決策は、「魚を3枚におろす」こと、すなわち「身（3つの事業）」と「骨（郵便局の利権）」を切り離す組織改革だと語っていて、まさに目から鱗だったことを覚えています。

②日本航空（ＪＡＬ）の再生支援

リーマン・ショックの影響で、日本航空の経営状態が悪化し、２００９年９月に政治主導で、「ＪＡＬ再生タスクフォース」が結成されます。そこからの依頼で、ＢＣＧが再生計画の策定を支援しますが、取引先銀行団の賛同を得られず、お蔵入りとなります。

その直後にＪＡＬ再建を引き継いだのが、官民ファンドの企業再生支援機構で、再生計画の作り直しを、今度はＡ・Ｔ・カーニーとローランド・ベルガーの２社に依頼します。私もこのプロジェクトに携わったのですが、その年の年末までの２ヶ月間は、文字通り不眠不休で働きました。

年が明けて、今度は無事に銀行団の賛同を得て、再生計画がスタートしますが、その後は再びＢＣＧにバトンが渡り、経営再建を支援したようです。

また余談になりますが、当時のプロジェクトメンバーに日本航空の株を持っている人がいました。戦略ファームではインサイダー情報に触れる機会が多いので、基本的に上場株の売買は禁止されています。入社以前に買った株を持っている分には問題ないのですが、インサイダー情報を知ってしまった後には、一切売ることができなくなります。そのため、その同僚も、紙くずに変わっていく株券を、ただ茫然と眺めることしかできずにいました。

③東京電力の事業DD（デュー・ディリジェンス）

２０１１年３月の東日本大震災によって福島原子力発電所事故が発生し、その損害に対する賠償義務を、東京電力が背負うことになります。その金額は莫大なものになるので、政府が資金援助を決定し、「東京電力に関する経営・財務調査委員会」を設置して、「厳正な資産評価と徹底した経費の見直し」に着手します。

その委託先を選定する際に競争入札が行われ、Ａ・Ｔ・カーニーも参加し、私も提案書作成を手伝いましたが、最終的に受注したのは、またもＢＣＧでした。

その後、東京電力は、原子力損害賠償支援機構の出資を受け、実質国有化されますが、その際の検討材料として、ＢＣＧの報告書が使われたものと推察します。

官庁系のプロジェクトに限った紹介でしたが、戦略ファームが時代の節目節目に登場し、少なからず社会に影響を及ぼしていることを感じていただけるかなと思います。

第3章

「ワンストップサービス」に学ぶ総合コンサルの世界

Chapter 3 :
The World of General Consulting

ALL ABOUT THE CONSULTING BUSINESS

1

ＢＩＧ４とは何か

現在のコンサルティング業界の最大勢力は、会計事務所に出自を持つ総合ファームです。規模の順に並べると、「デロイト トウシュ トーマツ」「プライスウォーターハウスクーパース（ＰｗＣ）」「アーンスト＆ヤング（ＥＹ）」「ＫＰＭＧ」の４つが主要グループで、まとめて「ＢＩＧ４」と呼ばれたりもします。それぞれ順に紹介していきましょう。

①デロイト トウシュ トーマツ

社名は、米国人のウィリアム・ウェルチ・デロイト、英国人のジョージ・トウシュ、そして日本人の等松《とうまつ》農夫蔵《のぶぞう》の３人の会計士に由来します。

グローバルで売上は約６５０億ドル（約10兆円）、従業員は約46万人を数える、ＢＩＧ４の中でも最大の総合ファームです。戦略ファームの中で最大のマッキンゼーと比べると、売上は約4倍、従業員数は約9倍の規模になります。２０１３年にモニター・グループを買収し、現在はモニター デロイトというブランドを傘下に持ちます。

日本ではデロイト トーマツグループの傘下に、デロイト トーマツ コンサルティング（ＤＴＣ）を保有し、５千人超の従業員を抱えています。

②プライスウォーターハウスクーパース（ＰｗＣ）

社名は、３人の名前（プライス氏、ウォーターハウス氏、クーパー氏）に由来します。

グローバルでデロイトに次ぐ規模を誇り、売上は約５５０億ドル（約8兆円）、従業員は約37万人を数えます。２０１４年にブーズ＆カンパニーを買収し、現在はストラテジー＆という戦略コンサルティングチームを傘下に持ちます。

日本ではＰｗＣジャパングループの傘下に、ＰｗＣコンサルティングを保有し、約５千人の従業員を抱えています。

③アーンスト＆ヤング（ＥＹ）

社名は、同じく人名（アーンスト兄弟とヤング氏）に由来します。

グローバルでの売上は約５１０億ドル（約8兆円）、従業員数は約40万人で、ＰｗＣに匹敵する規模を誇ります。２０１４年にパルテノン・グループを買収し、現在はＥＹパルテノンというブランドを傘下に持ちます。

日本ではＥＹジャパンの傘下に、ＥＹストラテジー・アンド・コンサルティングを保有し、約４千人の従業員を抱えています。

④ＫＰＭＧ

社名は、４人の人名（クリンヴェルド氏、ピート氏、マーウィック氏、ゲルデラー氏）の頭文字からきています。

グローバルでの売上は約３８０億ドル（約５兆円）、従業員数は約28万人で、ＢＩＧ４の中ではやや小さい規模となっています。

日本ではＫＰＭＧジャパンの傘下に、ＫＰＭＧコンサルティングを保有し、約２千人の従業員を抱えています。

４グループ合わせると、グローバルの売上は約２１００億ドル（約30兆円）、従業員数は約１５０万人と、「ＢＩＧ」と呼ばれる理由がおわかりいただけるかと思います。

ALL ABOUT THE CONSULTING BUSINESS

2 一筋縄ではいかない歴史

戦略ファームの場合、創業者または創業地が社名となり、明確なルーツから枝分かれしてきた系譜があります。一方、総合ファームの場合、ＢＩＧ４の社名がいずれも複数人名の組み合わせになっている点からも、合従連衡の歴史を物語っています。

また、総合ファームはいずれも「メンバーファーム制度」という運営形態をとっており、グローバルでブランドやカルチャーは共有しつつも、各国・各事業（コンサルティング、監査、税務など）別の法人は、それぞれ独立した組織として運営がなされています。

そのため、グローバルでの合従連衡の際、各国法人が追従するかどうかは、それぞれの判断に委ねられます。その結果、日本法人がグローバルとは別の道を進むこともあるため、歴史の糸が複雑に絡まり合い、まさに一筋縄ではいかない状況になっています。

デロイトとＰｗＣのコンサルティング事業の日本法人を例に、説明していきましょう。

デロイト トーマツ コンサルティング（DTC）の歴史

エンロン事件を受けて制定されたSOX法により、監査部門とコンサルティング部門の切り離しが求められたのは、第1章で紹介した通りです。それを受けて、デロイトの米国法人は、コンサルティング部門の分離独立を行わない（事実上の解体）という判断を下します。

それに対して、日本のデロイト トーマツ コンサルティング（旧DTC）は、独立の道を選択し、デロイトグループからの脱退を決断します。そして、2002年にブラクストンという社名に変更し、翌2003年にアビームコンサルティングへと改称、その翌年にはNECの傘下に入り、現在に至ります。

では、現在のデロイト トーマツ コンサルティング（新DTC）はどこから来たのかというと、遡ること1993年に、当時の等松・トウシュロス コンサルティングから先んじて分離独立していた、トーマツコンサルティングが母体となります。SOX法への対応を迫られた際には、監査法人トーマツの傘下に残り、その後、2008年に「デロイト」を冠した社名へと変更し、現在に至ります。

図3 日本の総合ファームの系譜

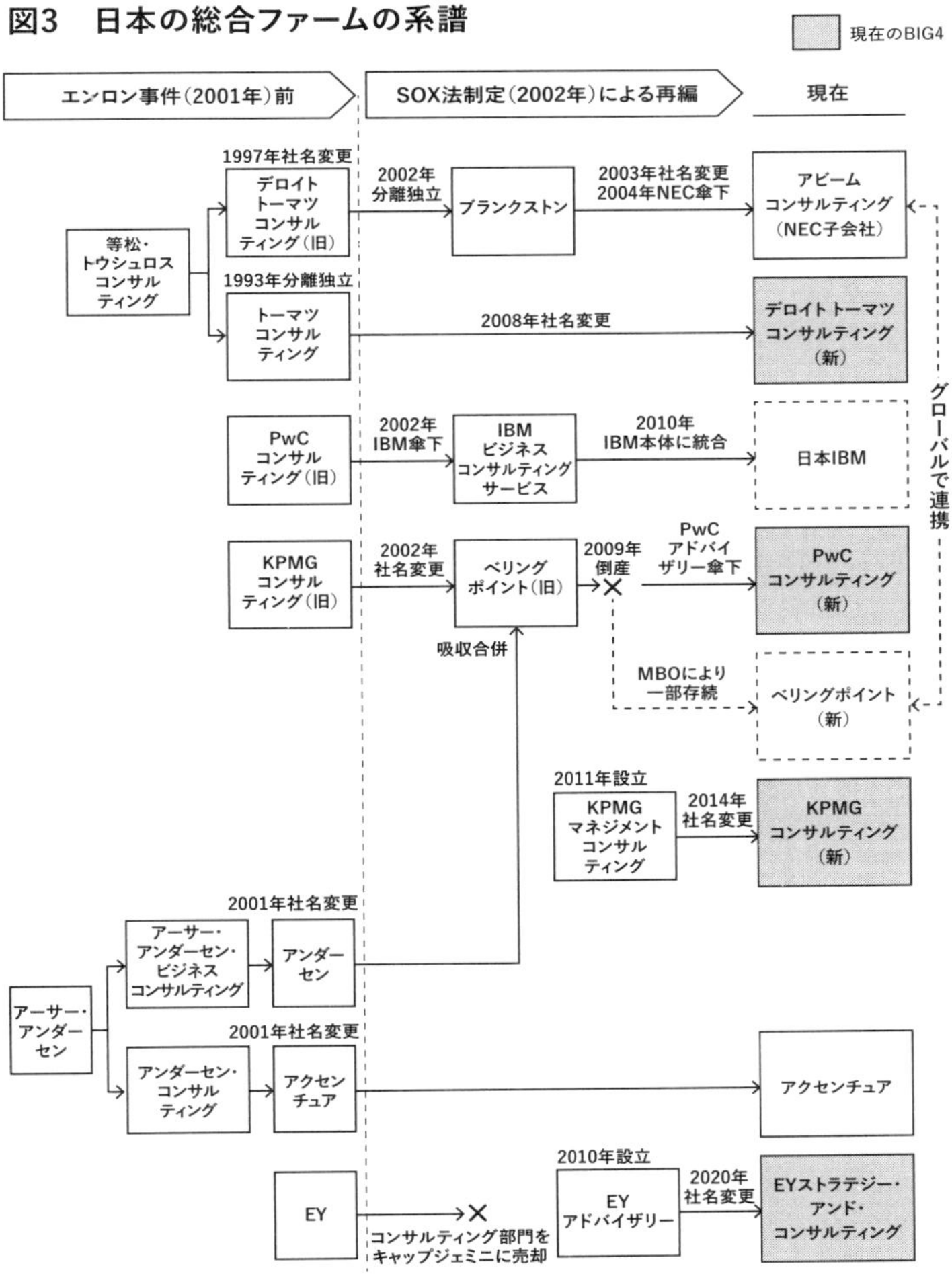

ＰｗＣコンサルティングの歴史

同じくＰｗＣコンサルティングにも、新旧が存在します。

旧ＰｗＣコンサルティングの米国法人は、ＳＯＸ法への対応として、ＰｗＣ本体から分離独立する道を選びます。そして、新たな社名（Monday）でニューヨーク証券取引所に上場する準備を進めますが、上場のまさに前日、ＩＢＭによる買収が電撃発表されて、計画は中止となります。

ＩＢＭといえば、１９５６年に独占禁止法の適用を受け、市場から撤退したという話を前段で紹介しましたが、この頃には「35年間のコンサルティング業務の禁止」の刑を終え、再びコンサルティング事業の強化に乗り出していました。ＰｗＣコンサルティングを買収した後は、ＩＢＭビジネスコンサルティングサービスへと社名を変更し、現在はＩＢＭ本体の一部門となっています。

日本法人も、米国法人と同じ道をたどりますが、電撃発表の名残として、一日だけ「株式会社マンデー」の登記があるそうです。

では、新ＰｗＣコンサルティングはというと、再びエンロン事件前に時間を巻き戻す必要があります。登場するのは別のＢＩＧ４（ＫＰＭＧ）で、エンロン事件が起こる前の２０００年、先んじてコンサルティング部門を分社化し、ＫＰＭＧコンサルティング（旧）として、米国法人はナスダックに上場していました。このＫＰＭＧコンサルティングが、エンロン事件によって解散したアーサー・アンダーセンのコンサルティング部門を吸収合併し、社名をベリングポイントに変更します。

そこから時は流れ、２００９年に今度はベリングポイントが、米国で倒産に追い込まれることになります。そして、その再建策の一環として、公共機関向けのコンサルティング部門はデロイトに、企業向けのコンサルティング部門はＰｗＣに身売りされます。

一方、日本では、コンサルティング部門をＩＢＭ売却したＰｗＣが、新たにＰｗＣアドバイザリーという社名で、ＳＯＸ法に配慮しながら、ひっそりとコンサルティング活動を再開していました。このＰｗＣアドバイザリーに、ベリングポイントの日本法人が統合される形で誕生したのが、現在の新ＰｗＣコンサルティングになります。

ついでにもう1つ、ややこしい話をすると、米国で倒産したベリングポイントですが、欧州は経営陣によるＭＢＯの道を選び、現在もその社名のまま存続しています。そして、先ほど紹介したアビームコンサルティング（旧ＤＴＣ）とグローバルで業務提携を結び、欧州はベリングポイント、日本含むアジアはアビームという役割分担で活動しています。

以上をまとめてみると、現在のデロイト トーマツ コンサルティング（新ＤＴＣ）は、アビームコンサルティングと兄弟関係にあり、現在のＰｗＣコンサルティング（新）は、ＫＰＭＧコンサルティング（旧）の血を引き継ぎながら、アクセンチュアとも同じ先祖でつながっている、ということになります。

さらに付け加えると、ＢＩＧ４の中で唯一、名前が出てこなかったＥＹも、現在のＥＹストラテジー・アンド・コンサルティングの社長は、前職は新ＤＴＣの社長だったので、総合ファームはみな親戚関係にあるともいえます。

ALL ABOUT THE CONSULTING BUSINESS

3

会社に必要なものすべてが揃う「総合デパート」

紆余曲折の歴史を経て、総合ファームは現在、どんな支援を行っているのでしょうか。「上流から下流まで」「戦略も戦術も」「フルラインナップの支援メニューをワンストップで」と言ってしまえばおしまいですが、もう少し具体的に見ていきましょう。ここで改めて、デロイトを例にとって、総合ファームの全体の構造から掘り下げていきます。

まず、グローバル全体で「デロイト トウシュ トーマツ」という共通のブランドを掲げたネットワーク組織を築き、傘下に約46万人もの従業員を抱えています。

日本には、そのネットワーク組織に所属するメンバーファーム（およびその関係法人）が約40あり、約2万人を携えた、「デロイト トーマツグループ」を形成しています。

その内訳は、グループのガバナンス・経営執行を担うデロイト トーマツ合同会社と、監査・保証業務で2社、リスクアドバイザリーで10社、コンサルティングで4社、ファイナンシャルアドバイザリーで10社、税務・法務で10社、そしてコーポレート機能で3社という構成になっています。

前の項目で「一筋縄ではいかない歴史」を紹介しましたが、それはこの中の1社であるデロイト トーマツ コンサルティング（DTC）の話になります。DTCでは現在、次の5つのコンサルティングサービスを提供しています。

①ストラテジー・アナリティクス・M&A（戦略立案や計画策定など）
②カスタマー・マーケティング（顧客体験設計やマーケティング支援など）
③コアビジネスオペレーションズ（オペレーション変革やシステム構築など）
④ヒューマンキャピタル（組織・人事・人材変革など）
⑤エンタープライズテクノロジー・パフォーマンス（SAPやオラクルの導入など）

サービス内容をイメージしやすくするために、あえて各々の仮想敵を設定してみると、①は戦略ファーム、②は広告代理店やアクセンチュア ソング、③は業務・ITコンサル、

④は組織・人事コンサル、⑤はシステムインテグレーターあたりになります。

このように、会社に必要なものなら何でも取り揃え、いつでも支援できる体制を整えている総合ファームですが、M＆Aの際にはとりわけ、その力を遺憾なく発揮します。

会社を買収する時には通常、ＤＤ（デュー・ディリジェンス）と呼ばれる、対象企業を詳細に調査するプロセスを経ます。その際、買収の妥当性を精査するために、領域ごとの専門家の支援を仰ぐことになりますが、一方で、ＤＤのプロセスはマーケットへの影響を最小限に抑えるべく、短期間で秘密裏に行われることになるので、専門家を悠長に探している余裕がないのも実態です。

そんな時に総合ファームは、ワンストップかつ短期間で、各領域の専門家を取り揃えられる存在として重宝されます。例えば、私が過去に携わった案件では、ビジネスＤＤ（戦略ファーム）と法務ＤＤ（法律事務所）以外は、すべてデロイトチームが担当するというケースがありました。

ファイナンシャルアドバイザー（ＦＡ）と各種ＤＤ（財務、税務、人事、ＩＴ、設備・オペレーションなど）を、グループ各法人を総動員し、総勢50名超の体制で支援していて、総合ファームの底力を見せつけられたことを覚えています。

ALL ABOUT THE CONSULTING BUSINESS

4 アクセンチュアの歴史

ここまで、「ＢＩＧ４」がいかに巨大かという話をしてきましたが、これから紹介するアクセンチュアは、それに輪をかけて「ＢＩＧ」な組織です。

アクセンチュアは、グローバルの売上は約６５０億ドル（デロイトとほぼ同じ）、従業員は約75万人（デロイトの約１・６倍）を誇る、世界最大のコンサルティングファームです。米国法人はニューヨーク証券取引所に上場しており、現在の時価総額は２０００億ドル（約３０兆円）を優に超えます。

日本でも、売上は約７２００億円、従業員は約2・5万人とコンサルティング業界最大の規模を誇ります。従業員数はこの10年で約5倍に拡大しており、近年は東大生（学部生・院生の合計）が最も多く就職する先にもなっています。

では、なぜアクセンチュアは、ここまで「ＢＩＧ」になれたのでしょうか。その秘密を探るべく、改めてアクセンチュアの出自をたどってみましょう。

アクセンチュアのルーツは、「ＢＩＧ４」と同じく大手会計事務所で、エンロン事件によって消滅した、かつての「ＢＩＧ５」の一角、アーサー・アンダーセンにあります。

エンロン事件の10数年前、監査部門とコンサルティング部門の利益相反問題に直面したアーサー・アンダーセンは、コンサルティング部門を分離独立させる道を選びます。そして、本家のアーサー・アンダーセンが監査業務を、分家がコンサルティング業務を行うという役割分担で、後者は「アンダーセン・コンサルティング」の名で業務を開始します。

その際、本家のアーサー・アンダーセンは大企業向けコンサルティングを行わないこと、両社の収入差を埋めるべく一定の「関係協力維持費」を支払うことなどに合意します。ところが、本家のアーサー・アンダーセンがその合意を破り、新たに「アーサー・アンダーセン・ビジネスコンサルティング」を設立したことで、両社間で訴訟が行われます。

結果、両者の関係は解消され、アンダーセン・コンサルティングは、「アンダーセン」の看板（ブランド）を、２０００年末をもって手放します。

新社名は、社内公募の結果、「Accent on the Future－未来を強調する」から「Accenture（アクセンチュア）」とし、２００１年１月から再スタートを切って、同年７月には上場も果たします。後から振り返ると、ここがアクセンチュアにとってのターニングポイントになりました。

本家のエンロン事件が明るみになったのが同年10月で、その手前で「アンダーセン」の看板を外していたアクセンチュアは、ギリギリのタイミングで巻き添えを回避します。

また、その後に巻き起こったＳＯＸ法の制定とＢＩＧ４の再編は、前述の通りですが、そもそも監査業務を持たないアクセンチュアは、そのドタバタ劇とも無縁のまま、独自の路線を突き進みます。

このように運にも恵まれ、米国資本市場からの成長プレッシャーにもさらされながら、ひとり拡大を続けるアクセンチュアですが、ＢＩＧ４の事業構造と対比しながら、さらにその秘密を探っていきましょう。

ALL ABOUT THE CONSULTING BUSINESS

5

なぜアクセンチュアは世界最大なのか

先ほど、アクセンチュアの従業員数は世界最大（デロイトの1・6倍）と紹介しましたが、売上はデロイトと同規模であることに疑問を持たれた方もいるかもしれません。

単純な割り算をしてみると、1人当たり売上高は、アクセンチュアの約8・5万ドル（約1300万円）に対し、デロイトは約14万ドル（約2100万円）、ちなみにマッキンゼーは約35万ドル（約5000万円）になります。

これらの1人当たり売上高の差は、各社の事業構造の違いによるものです。

マッキンゼーは、近年はデジタル系人材も採用し始めていますが、基本的にはコンサルタントがコンサルティング事業を営んでいます。対するデロイトは、コンサルティング以外の士業（会計士・税理士・弁護士など）やシステム開発・運用なども手がけているため、

2・5倍ほどの差がついています。では、アクセンチュアはなぜ、デロイトのさらに3分の2以下の水準なのでしょうか。

アクセンチュアの事業別の売上構成を見てみると、コンサルティングが332億ドルに対して、マネージド・サービス（アウトソーシング）が317億ドルと、およそ半々の比率になっています。後者は、クライアントの業務を丸ごと引き受ける事業で、「デリバリー・センター」と呼ばれる拠点で集約してオペレーションを行っています。

このデリバリー・センターは、インドや中国をはじめ、日本では北海道や九州などの、相対的に人件費の安い地域に展開し、20万人以上のオペレーターを自前で抱えています。そしてこれが、アクセンチュアの1人当たり売上高を引き下げている要因であると同時に、その強さの秘密でもあります。

前段で総合ファームの特徴として「上流から下流まで一気通貫で」という話をしましたが、アクセンチュアの場合は文字通り、戦略をオペレーションやシステムに落とし込んだ後に、そっくりそのまま自前のデリバリー・センターで受託できるということです。

そして、最終的にアウトソーシング業務を受託できる見込みがあれば、上流のコンサルティング業務を安く（場合によっては無料で）提供したとしても、下流で十分に回収することができます。

この利益プール（稼ぎどころ）を自在に差配できるという優位性は、デロイトにも共通するモデルですが、日本のＤＴＣが５千人規模で行うのと、グローバルのアクセンチュアが75万人規模で行うのとでは、自由度が全く異なります。この点が、「別法人のメンバーファームの寄り合い所帯（ＢＩＧ４）」と「Ｏｎｅアクセンチュア」の決定的な差です。

ここで改めて、アクセンチュアの提供サービスを見てみましょう。

①ストラテジー＆コンサルティング（戦略立案や計画策定など）
②ソング（顧客体験設計やマーケティング支援など）
③インダストリーＸ（製造・物流業向けのＤＸ支援など）
④テクノロジー（ＩＴシステムの構築・運用など）
⑤オペレーションズ（オペレーションの自動化や受託など）

先ほどのＤＴＣの提供サービスと比較をしてみると、①・②は割と似通っていますが、③・④・⑤までを含めた「一気通貫」の度合いは、アクセンチュアに軍配があがることが

図4　デロイト（DTC）vs アクセンチュアの比較

	会社の機能	主な支援業者	DTC	アクセンチュア
上流	戦略	戦略ファーム	①ストラテジー・アナリティクス・M&A	①ストラテジー&コンサルティング
↑	マーケティング	広告代理店	②カスタマー・マーケティング	②ソング
	業務・オペレーション	業務・ITコンサル	③コアビジネスオペレーションズ	③インダストリーX
	組織・人事	組織・人事コンサル	④ヒューマンキャピタル	
↓	システムインフラ	システムインテグレーター	⑤エンタープライズテクノロジー・パフォーマンス	④テクノロジー
下流	アウトソーシング	BPOベンダー		⑤オペレーションズ

見てとれるかと思います。

もう１つ、ＤＴＣの提供サービスには「④ヒューマンキャピタル」があり、別法人で財務・税務・法務なども支援しているのに対し、アクセンチュアの提供サービスには、すべてにテクノロジー活用が含まれている点も特徴です。

デロイトを含むＢＩＧ４が「会社機能の総合デパート」であるとするならば、アクセンチュアは「テクノロジーの総合商社」といえるかもしれません。

そして、このポジショニングこそが、アクセンチュアが世界最大のコンサルティングファームにまで飛躍した最大の要因でもあるのです。

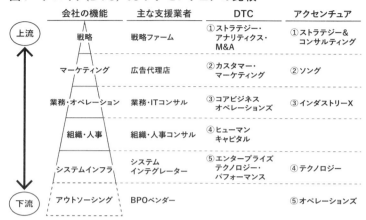

ALL ABOUT THE CONSULTING BUSINESS

6 「テクノロジーの総合商社」が誕生するまで

テクノロジーの進化は、コンサルティング業界にどのような変化をもたらし、アクセンチュアをいかにして業界最大のファームへと押し上げたのでしょうか。その理由を探るべく、いま一度、テクノロジーの進化の流れをたどってみましょう。

20世紀の後半は、第1章で紹介したように、情報機器の導入・活用による「ＩＴ化」が進んだ時代でした。そこでは、大手会計事務所が中心となり、会計以外の領域も含めて、会社で人間が行っていた業務を１つひとつシステムに置き換え、効率化していきました。21世紀に差しかかると、インターネットが普及し始めます。すると、様々なもの同士がつながることで、新たなビジネス機会が生まれるとともに、社内の各業務もオンラインとつながることで、業務プロセスが再構築されていきます。そして、それに呼応する形で、コンサルティング支援やシステム導入の需要も増えていきます。

そこでは、個々の業務を「点」でシステム化するだけではなく、ネットワークでつながった業務を丸ごと「面」で作り変えていくことになるため、より複雑性や難易度が増し、プロジェクトも大規模化していきます。

2010年代に入ると、スマートフォンやIoT（Internet of Things）が普及します。すると、多くのものがオンラインと常時接続するようになり、徐々にリアルとデジタルの主従関係が逆転し始めます。

その途上の2020年、新型コロナウィルスが猛威をふるい、リアルな世界が強制的に封じ込められたことで、デジタルシフトが一気に進みます。その結果、それまで「リアルを前提」に徐々にデジタル化を進めてきた企業は、新たに「デジタルを前提」に会社全体を作り変える必要に迫られます。

これが、いわゆるDX（デジタルトランスフォーメーション）で、コンサルティングの支援の幅がさらに拡がり、プロジェクトもより専門化・大規模化していきます。

このように、「テクノロジー進化×コロナ禍」によって、コンサルティング業界に追い風が吹く中、なぜアクセンチュアがその恩恵を一番に受けられたのでしょうか。

理由の1つとして、コンサルティングファームとしては珍しく上場していたため、資金調達による先行投資が可能だったことが挙げられます。

例えば、「最先端テクノロジーへの先回り投資」「デリバリー・センター（アウトソーシング事業）の世界規模での展開」「専門化・大規模化するプロジェクトに対応しうる多様かつ大量の人材確保」など、いずれも資本市場から豊富な資金を調達できる上場企業だからこその為せる業です。

加えて、上場していたのが米国市場だったというのも大きな理由でした。ＧＡＦＡＭ（Google, Apple, Facebook, Amazon, Microsoft）という言葉がありますが、いずれも米国発で、時価総額の最上位に君臨する、21世紀のテクノロジー進化を牽引してきた企業です。そういった巨人たちを間近で見ながら、米国資本市場から四半期ごとの成長プレッシャーを受け続けたアクセンチュアは、着実に拡大していきます。

実際の売上推移をみてみると、１１３億ドル（２０００年）→２３１億ドル（２０１０年）→４４３億ドル（２０２０年）→６４９億円（２０２４年）と、10年ごとに倍々ゲームを続けています。

日本では、テクノロジー進化の震源地から離れている分、その波が遅れて、増幅して到来します。アクセンチュアの日本法人の売上は、直近11期連続で二桁成長を記録し、１３０５億円（２０１４年）→７１７５億円（２０２４年）と、この10年で5倍以上にまで急拡大しています。

さて、テクノロジーの進化は絶えず今も続いており、先回りしているアクセンチュアは、他ファームがこぞって「デジタル」を掲げる中、コロナ禍の２０２０年に、逆にデジタル部門を発展的に解消します。「Digital is Everywhere（デジタルはもはや当たり前）」というのがその理由です。

デジタルが当たり前になった世界において、次の展開は、絶え間なく生み出されるデータを食べて学習し、新たなコンテンツを生み出す「生成ＡＩ」へと戦いの土俵が移ります。

アクセンチュアは、「デジタル」の看板を下ろすと同時に「ＡＩセンター」を立ち上げ、「ＡＩ ＰＯＷＥＲＥＤサービス」を展開していきます。そして２０２２年には、日本のＡＩ技術企業（ＡＬＢＥＲＴ）を約５５０億円で買収するなど、ＡＩ時代においても覇者になるべく、精力的に活動を続けています。

ALL ABOUT THE CONSULTING BUSINESS COLUMN

日本政府もコンサルのビッグクライアント

ここまで、テクノロジーの進化の流れをたどりましたが、それは言い換えると、人間の機能を拡張すると同時に、人間の仕事を代替してきた歴史でもあります。それはやがて、消費行動やライフスタイルを変え、ビジネスモデルや産業構造を変革し、それらを支える社会システムを作り変えていきます。その変化の波は、生活者（C）に近いところから起こり、企業（B）の活動に影響を及ぼし、最終的には政府（G）をも動かしていくことになります。

つまり、政府は変化の最下流にいるわけですが、「テクノロジー進化×コロナ禍」の波は、すでに日本政府のところにも届いています。そして、新たな生活様式に適応するべく、コンサルティング業界の支援を仰ぐ場面も増えています。

政府からの発注は、税金が投入されることになるので、どのコンサルティングファームに、何の名目で、いくら支払われたのか、すべて公開されています。

ここでは、総合ファーム（BIG4＋アクセンチュア）と、戦略ファーム（MBB）の合計8社への発注額の推移について、見ていきたいと思います。

まず、コロナ禍に入る直前の2019年度には、発注額の合計は約240億円でした。その中で、アクセンチュアへの発注だけが約150億円と突出していますが、それ以外のファームは数億円〜数十億円の規模にとどまっていました。

それが、新型コロナが直撃した翌2020年度には、約530億円と一気に倍以上に跳ね上がります。アクセンチュアへの発注は約260億円にまで拡大し、DTCへの発注も約170億円と大幅に拡大するなど、すべてのファームが受注額を伸ばし、期せずしてコロナの恩恵を受ける形となりました。

そして、直近の2023年度には、その合計額は約1000億円とさらに倍にまで拡大しています。やはりアクセンチュアへの発注が約560億円と突出しており、アクセンチュアの売上の1割弱は税金で賄われている計算になります。

それに続くのが、PwCコンサルティングの約170億円。そして、その次はなんと、他のBIG4ではなく、BCGの約80億円となっています。

BCGは近年、パブリックセクター向けのコンサルティングに力を入れており、ここでも、戦略ファームと総合ファームの戦いが繰り広げられているさまが見てとれます。

第4章

「異業種格闘戦」に学ぶ
コンサル群雄割拠の世界

Chapter 4 :
The World of Consulting Competitors

ALL ABOUT THE CONSULTING BUSINESS

1 総合商社のコンサル事業参入

ここまで、コンサルティング業界の本家本流である戦略ファームと、現在の最大勢力である総合ファームに焦点を当てて、グローバルレベルでの活動について見てきました。ここからは、日本のコンサルティング業界に舞台を移し、異業種からの参入や新興勢力の台頭など、既存勢力に立ち向かう足元の動きについて見ていきます。

前章ではアクセンチュアについて、「テクノロジーの総合商社」という例えをしましたが、ホンモノの総合商社もコンサルティング業界に参入してきています。

総合商社というのは日本独自の業態で、取り扱うビジネスは多岐にわたります。全貌を把握するのが難しいですが、平たく表現するなら、「莫大な資金力を背景に、儲かるものなら何にでも手を出す会社」と言えます。

そんな総合商社が触手を伸ばしてきているということは、コンサルティングの「事業」そのものが魅力的に映るのか、コンサルティングの「機能」を持つことが儲けにつながるのか、はたまた一挙両得を狙っているのかのいずれかと考えられます。

「事業」と「機能」のどちらに比重を置くかは、各社によってスタンスが分かれますが、五大商社それぞれについて、コンサルティング「事業」としての取り組みが深い順に紹介していきます。

①伊藤忠商事

伊藤忠商事はファミリーマートをはじめ、生活関連事業の比率が高いことが特徴の総合商社です。そのためＤＸに積極的に取り組み、ＤＸコンサルティングにも「事業」として力を入れています。

シグマクシスとの資本業務提携や、ＢＣＧとの合弁会社（Ｉ＆Ｂコンサルティング）の設立など、上流のコンサルティング機能を拡充していることを、第1章で紹介しました。ほかにも、世界最大手の広告代理店ＷＰＰの傘下で顧客体験デザインを手がけるＡＫＱＡと合弁会社（ＡＫＱＡ　ｕｋａ）を設立したり、システム開発・運用を手がける伊藤忠テクノソリューションズ（ＣＴＣ）を完全子会社化したり、ＢＰＯ（ビジネス・プロセス・アウトソーシング）を手がけるベルシステム24に出資したりと、ＤＸに必要な機能を次々と〝手の内〟化しています。

アクセンチュアが「Ｏｎｅアクセンチュア」としてＤＸ機能を取り揃えているのに対し、伊藤忠商事は「デジタル事業群戦略」を掲げ、連合軍としてＤＸ市場に攻勢をかけようとしているのが特徴です。

②住友商事

住友商事はＪ：ＣＯＭなどのメディア事業や、サミットやトモズなどの生活関連事業を持つことが特徴の総合商社で、伊藤忠商事と同じくＤＸにも積極的に取り組んでいます。ただし、伊藤忠商事が合弁や出資を通じてＤＸ連合軍を組んでいるのに対し、住友商事は子会社を通じてＤＸ部隊を組んでいる点に違いがあります。

住友商事グループには、連結対象会社が約９００社もあり、ＤＸによって各社の事業を伸ばすことができれば、最終的に持分比率に応じて住友商事本体に還元されるので、それを実現するためのインハウスＤＸ支援部隊という位置づけです。

その中の1社であるＳＣデジタルは現在、グループ会社の支援を通じて培ったノウハウを活かし、グループ外の会社にもＤＸコンサルティングを提供しています。つまり、当初

「機能」としてスタートしたＤＸコンサルティングが、足元では「事業」として独り立ちし始めているということです。

③三菱商事

三菱商事は最大の規模を誇り、資源分野に強みを持ちつつ、ローソンなど生活関連事業も抱える、最も総合力の高い総合商社です。

コンサルティング事業への参入は最も早く、ＤＸブームよりもはるか前の２００８年、投資ファンドとの合弁会社としてシグマクシスを設立しました。しかし、シグマクシスはのちに上場し、三菱商事は保有株式を２０１８年に手放して、すでに両社の関係に終止符が打たれています。

新たにパートナーになったのはＮＴＴで、２０１９年に「産業ＤＸ推進」に関する業務提携を結び、２０２１年に「産業ＤＸの社会実装」を掲げる合弁会社（インダストリー・ワン）を設立します。同社は、設立時には「強者連合」として話題となりますが、その後、ＮＴＴは撤退し、現在は三菱商事の完全子会社として、主にグループ会社を対象とした、ＤＸコンサルティングを行っています。

④丸紅

丸紅は穀物事業や電力事業に強みを持つ、五大商社で唯一の非財閥系の総合商社です。

コンサルティング事業としては、2020年にDX支援に特化したドルビックスコンサルティングを、完全子会社として立ち上げています。同社は、まずはグループ会社のDXコンサルティングを行いながら、そこで培ったノウハウを将来的にはグループ外にも展開していくことを目指し、社名をはじめ「丸紅色」を極力消した形で活動しています。

⑤三井物産

三井物産は三菱商事に次ぐ規模を誇り、資源分野で特に強みを持つ総合商社です。一方、生活関連事業の比率は低く、DXやコンサルティングへの取り組みスタンスは他の4社と大きく異なっています。

コンサルティングは「事業」としてではなく、完全に「機能」としての位置づけで、三井物産本体に総合力推進部ビジネスコンサルティング+室という部署を設け、戦略ファーム出身者を中心に、約20名のインハウスコンサルタントを抱えています。この部隊は、三井物産の企業価値向上のためだけに活動し、本社や約500社のグループ会社の経営改善を行うとともに、そこで事業経営人材としての経験を積んで、将来的にグループ内の重要な

図5　総合商社のコンサルティングへの関わり方

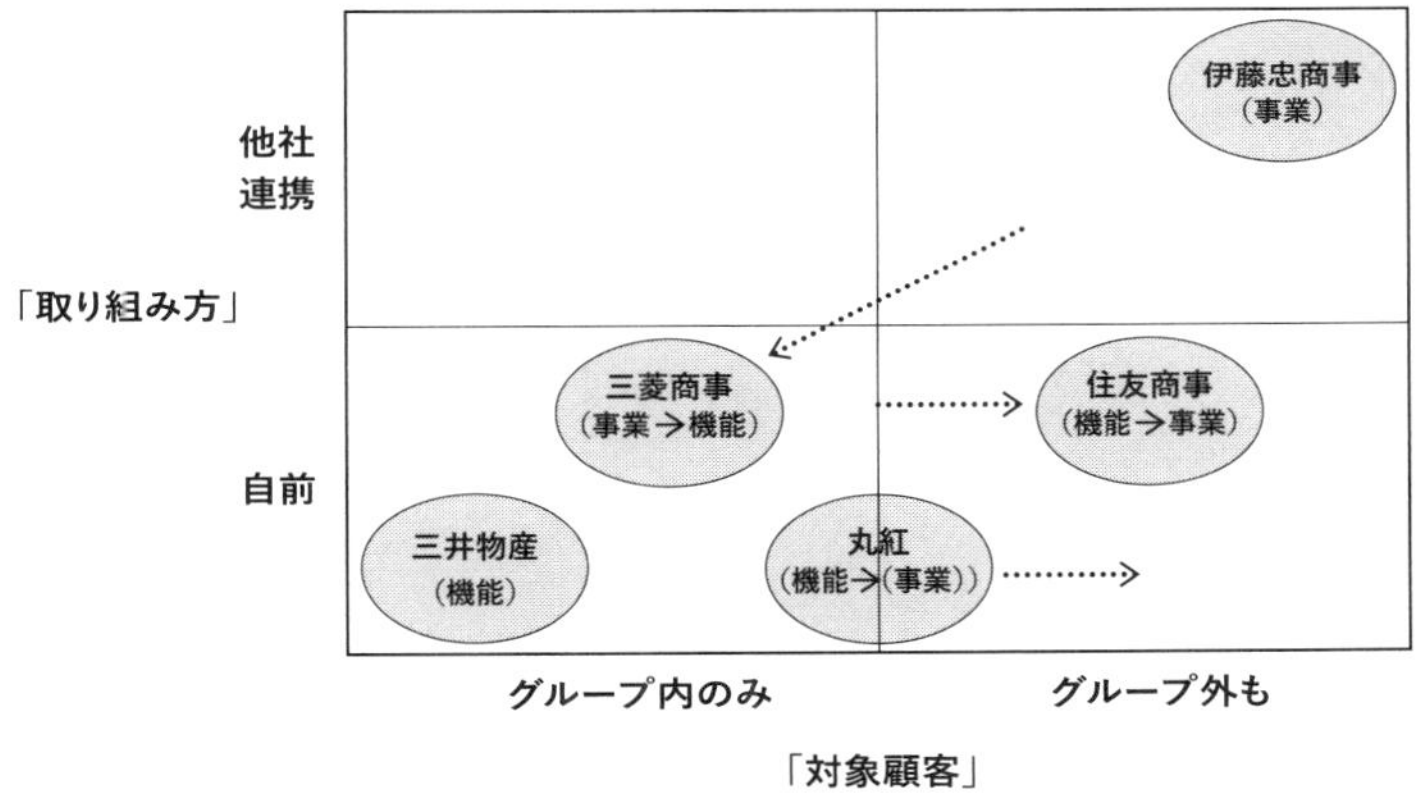

ポジションを担っていくことも期待されています。

総合商社はいずれも、数百社ものグループ会社を抱えているので、コンサルティングの対象顧客に困ることはなく、グループ会社の経営を改善することが、巡り巡って本社に還元される構造にあります。

その最初の顧客が誰になるかは、各社の事業ポートフォリオによって決まります。ただ、テクノロジーの進化の影響は、生活者に近いところから波及していくので、生活関連事業の比率が高い総合商社ほど、足元のＤＸコンサルティングへの取り組みは進んでいます。

ALL ABOUT THE CONSULTING BUSINESS

2

一気通貫モデルの元祖、総合広告代理店

総合商社という日本独自の業態に加えて、ガラパゴス市場の日本にはもう1つ、「総合広告代理店」という独自のビジネスモデルが存在します。総合ファームを紹介する中で、「上流から下流まで一気通貫で」という表現を多用してきましたが、実はその「元祖」とも言えるのが、日本の総合広告代理店です。

広告代理店とは、広告を出したい会社（広告主）と広告枠を売りたい会社（メディア）の間を取り持つ仲介役です。そこには、広告主と向き合う「広告制作・購買代理」の側面と、広告メディアと向き合う「販売代理」の側面の2つの顔があります。

両者の間では利益相反が生じるため、海外ではそれぞれ別の代理店（エージェンシー）が担うのが一般的です。しかし日本では、商慣習的に両者を同じ代理店が担ってきており、

それが「総合」と呼ばれる1つの理由です。

また、広告メディアには「マスメディア（テレビ・新聞・雑誌・ラジオの〝4マス〟）」「インターネットメディア」「プロモーションメディア（屋外・交通など）」の大きく3つがあり、総合広告代理店は、特定のメディアだけではなく、すべてのメディアを取り扱っているという意味でも「総合」と呼ばれています。

20世紀後半は、マスメディア（特にテレビ）全盛の時代でした。総合広告代理店の元祖、電通は、テレビ局の立ち上げ期から携わり、広告枠の「販売」代理店として、日本独自のテレビ広告の取引制度をつくりあげてきました。その典型が、「グロス取引」と呼ばれる商慣習です。

例えば、広告主がテレビCMを流したいと考えた場合、日本のテレビ局とは直接取引ができないので、広告代理店を介して依頼することになります。その際、広告主の予算金額に合わせて、CMの企画・制作から放送枠の購入まで、すべて〝込み込み〟で契約するのが、グロス取引制度の概要になります。これは、広告業界における「一気通貫モデル」と言えるもので、とても優れたビジネスモデルになります。

総合広告代理店には、大きく分けると「①マーケティング」「②クリエイティブ」「③メディア」「④営業」の4つの部門（機能）があります。

海外の広告業界では、①をブランドエージェンシー、②をクリエイティブエージェンシー、③をメディアエージェンシーなど、それぞれ別の会社が担当することが一般的です。そして、①・②はフィー（コンサルティングファームと同様）、③は販売手数料を収益源として、それぞれ独立採算で経営しています。

それに対し、日本の総合広告代理店は、「④営業」が音頭をとり、①・②・③をセットで広告主に提供して、会社全体として帳尻が合うように経営しています。

このワンストップサービスを提供する側のメリットは、稼ぎどころを自在に差配できることです。「グロス取引」では、①・②・④のリソース（本来であればフィーが発生する）を無償で提供する代わりに、③の販売手数料を割高に設定して回収する形をとっています。

これは電通がテレビ局と一蓮托生となり、高い販売手数料（マージン）を確保してきたからこその為せる業であり、総合広告代理店の優れたビジネスモデルの正体になります。

ALL ABOUT THE CONSULTING BUSINESS

3

アクセンチュアの上位互換と、総合広告代理店の逆襲

しかし21世紀に入り、インターネットが普及すると、この強固なビジネスモデルが揺らぎはじめます。

かつて、消費者の購買に至るプロセスを説明するモデルとして「ＡＩＤＭＡ（Attention→Interest→Desire→Memory→Action）」が一般的でした。マスメディアは、最初の「Ａ（認知）」を集める数少ない装置として重宝されますが、インターネット環境が整備されると、多種多様なメディアが乱立して、アテンションが分散するようになり、次第に広告価値が下がっていきます。他方、インターネットメディアは、検索連動型広告をはじめ、次の「Ｉ（興味関心）」にピンポイントでリーチできるので、徐々に広告価値が高まります。

その結果、インターネット広告は急成長を遂げ、２０１９年にはテレビ広告を逆転し、２０２１年にはマスメディア広告をも抜き去り、さらにその差は開き続けています。

また、広告主側の変化として、メディアの選択肢が増えたことで、かつてのテレビ広告一辺倒から、それぞれの特性に合わせた使い分けができるようになります。そして次第に、各メディアの投資対効果を測定し、広告予算の配分を最適化して、きめ細やかなマーケティングを志向するようになっていきます。そのニーズに真っ先に対応したのがインターネット広告の領域で、逆に最後まで抵抗したのがテレビ広告の領域です。

テレビ広告のほぼ唯一の効果指標は「視聴率」ですが、その測定は電通と民間テレビ局の共同出資会社であるビデオリサーチ社に委ねられています。利益率の高いテレビ広告に誘導したい両社は、長らくの間、数字が大きく出やすい「世帯視聴率（世帯内の誰か一人でも見ていたらカウントされる）」を公表するにとどめていました（「個人視聴率」の公表は2020年になってようやく解禁されます）。

広告主の立場からすると、電通に依頼するとテレビ広告に誘導され、ドンブリ勘定での効果測定しかできないので、「グロス取引」を見直そうという動きが出てきます。具体的には、上流（①マーケティング企画や②クリエイティブ制作）と下流（③メディア調達）を分離し、上流側に海外と同様の「フィー制」を導入する代わりに、下流側の割高な販売手数料（マージン）を引き下げる（もしくはコンペ方式にする）という動きです。

この上下分離によって、電通が築きあげてきた日本独自のビジネスモデルに亀裂が入るとともに、フィー制となった上流側は、コンサルティングファームと同じ土俵での競争にさらされることにもなりました。

そこに黒船のごとく登場したのが、アクセンチュアです。

米国は、そもそもフィー制が標準であり、インターネット広告の普及もより進んでいて、アクセンチュアはその市場において、テクノロジーを活用したデジタルマーケティングなどの領域で、着々と勢力を伸ばしていました。そのアクセンチュアが、米国市場で培ったノウハウを引っ提げ、ガラパゴス市場の日本に乗り込んできます。

前章で紹介した通り、アクセンチュアには「ソング」という「①マーケティング企画」や「②クリエイティブ制作」の専門部隊に加えて、「ストラテジー&コンサルティング」という「⓪戦略策定」の機能も、同じ会社の中に抱えています。上下分離によって、最下流の「③メディア調達」を切り離された総合広告代理店は、上流の①・②のフィー制での戦いにおいて、最上流の「⓪戦略策定」から入ってきたアクセンチュアに、上から押さえ込まれる形となります。

要するに、広告業界の「一気通貫モデル」が、①〜③の「グロス取引」から、⓪〜②の

図6　アクセンチュアによる上位互換

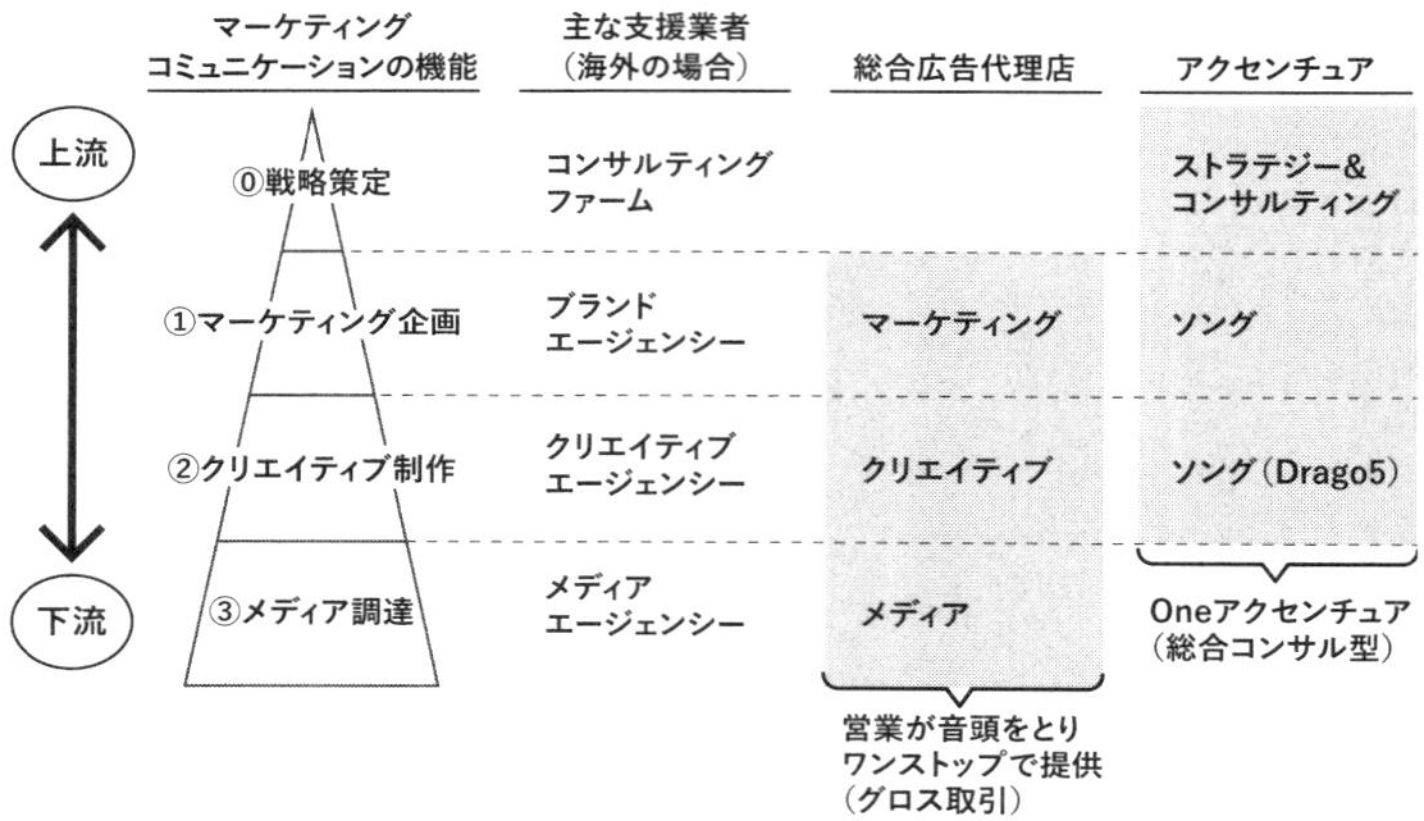

「総合コンサル型」へと、〝上位互換〟されてしまったということです。

しかしながら、上位互換を許した総合広告代理店も、黙ってそのまま引き下がるわけにはいきません。再び同じ土俵での戦いに持ち込むべく、最上流への進出を狙い、各社ともコンサルティング機能を拡充しています。

前置きが長くなりましたが、総合広告代理店の逆襲ともいえる、コンサルティング領域での取り組みについて見ていきましょう。

①電通グループ

日本最大の総合広告代理店である電

通は現在、自らを「ＩＧＰ（Integrated Growth Partner）」と位置づけ、クライアント企業の成長を統合的に支援する姿勢を打ち出しています。その実現に向けて、「ＡＢＣＤ－Ｘ」と呼ぶ、次の４つの事業領域での変革を推進しています。

- **ＡＸ（Advertising Transformation）：広告コミュニケーションの変革**
- **ＢＸ（Business Transformation）：事業全体の変革**
- **ＣＸ（Customer Experience Transformation）：お客様体験の変革**
- **ＤＸ（Digital Transformation）：マーケティング基盤の変革**

すでに、従来の広告（ＡＸ）以外の広義のコンサルティング事業の売上が3割を超え、将来的には5割を目指して、電通自身もトランスフォーメーションしようとしています。コンサルティング事業には現在、電通本体も含めて7社が携わり、約１３００人が従事しているとされます。グループ内に立ち上げた電通コンサルティング、電通デジタル、電通総研、ＧＮＵＳに加えて、日本発の戦略ファームであるドリームインキュベータや、総合ファーム出身者が立ち上げたイグニッション・ポイントにも資本参画し、総力戦で「ＩＧＰ」となることを目指しています。

②博報堂DYグループ

「電博」と呼ばれることもある博報堂と、大広(D)、読売広告社(Y)の3社が統合して発足した、日本で2番目の総合広告代理店グループです。

2003年の統合の際に、メディア部門を集約して博報堂DYメディアパートナーズを設立し、広告主と向き合う3社(博報堂・大広・読売広告社)とは別会社化しているので、その時点で上下を分離していたとも言えます。

また博報堂は、外資系のクリエイティブエージェンシーとの合弁会社(TBWA HAKUHODO)を2006年に設立しており、フィー制にも早くから馴染みがありました。そのため、上流側に強みを持ち、「営業の電通」に対して、「クリエイティブの博報堂」と言われたりもします。

上流側では、博報堂コンサルティングを立ち上げ、ブランドコンサルティングを行っていたり、戦略事業組織「kyu」を通じて、世界中のクリエイティブサービス企業に資本参画していたりもします。

なかでもkyuは、2016年からデザインコンサルティングファーム「IDEO」を傘下に収めています。そして、そこから派生して、IDEOの元CEOとデジタルBC

Gの元共同統括がタッグを組み、2024年に博報堂DYグループ内に新会社（ENND PARTNERS）を共同創業するなど、本腰を入れてコンサルティング領域に取り組み始めています。

ALL ABOUT THE CONSULTING BUSINESS

4

投資ファンドも巻き込んだ再編劇

総合広告代理店の上位2社を見てきたところで、次は3位のADK（アサツー ディ・ケイ）の番です。同社は現在、投資ファンド（ベインキャピタル）の傘下にあります。

ADKは長らく、WPPグループ（世界最大の広告代理店グループ）と資本業務提携を結んでいたものの、海外と日本の商慣習の違いなどからシナジーを発揮できずにいました。そこに登場したのがベインキャピタルで、2017年にADKの株式を取得し、翌年には非上場化して、新たな道を歩み始めます。

ファンドの傘下に入ったADKは、電通・博報堂と同様に、最上流のコンサルティング機能の強化に動きます。

最初にタッグを組んだのは日本IBMで、「alphabox」という協働チームを立ち上げて、

CX・DXコンサルティングを開始します。その後も、ADK（＋ベインキャピタル）が、新興系のコンサルティングファームを追加で買収しようとしている噂を、業界内ではよく耳にしました。

しかしながら、ベインキャピタルが株式を取得してからすでに7年超が経過しており、投資ファンドの平均保有期間は3～5年と言われていることを鑑みると、首尾よく進んでいないことが推察されます。

そうした中、別の投資ファンド（カーライル）が、2021年に広告映像制作の最大手のAOI TYOホールディングス（現在はKANAMELに社名変更）の株式を取得して、非上場化します。

AOI TYOは、広告代理店のクリエイティブ部門からの依頼を受け、日本のテレビCMの3分の1以上を制作している会社です。そして、そこから上流へと進出し、代理店を介さず広告主と直接やりとりして、コミュニケーションデザインから請け負うXPDという会社を、同じく2021年に設立しています。

その翌年の2022年、AOI TYO（＋カーライル）に、マッキンゼー出身者が立ち上げた新興系の戦略ファーム（フィールドマネージメント）を追加で買収します。さらにその翌年、フィールドマネージメントとＸＰＤの2社のブランドを統合して、それぞれ「Field Management Strategy」と「Field Management Expand」に名称変更します。

つまり、カーライルの買収によって、ＡＯＩ ＴＹＯ改め、新生ＫＡＮＡＭＥＬ社は、次のような「日本版アクセンチュア」ともいえる体制に再編されたということです。

・戦略コンサルティング：Field Management Strategy
・コミュニケーションデザイン：Field Management Expand
・クリエイティブ制作：ＡＯＩ Ｐｒｏ.、ＴＹＯ

このように、広告業界とコンサルティング業界における主導権争いは、投資ファンドも巻き込み、新興系のファームを飲み込みながら、現在進行形で続いています。

そして、ベインキャピタルもカーライルも、数年以内に取得した株を手放すことになるので、そこからまた、さらなる再編劇が始まることが見込まれます。

ALL ABOUT THE CONSULTING BUSINESS

5 コンサルティング業界の新興勢力

ここまで、日本のコンサルティング業界のど真ん中に鎮座する総合ファームに対する、総合商社と総合広告代理店による横からの挟み撃ちについて解説しました。ここからは、新興勢力による下からの突き上げについて見ていきます。

前で名前が挙がったように、ドリームインキュベータやフィールドマネージメントなど、新興系のファームのいくつかは、すでに業界再編の渦に飲み込まれています。その状況下で、独立系として生き残っているファームの急先鋒が「ベイカレント」です。

ベイカレントは、1998年に設立された有限会社ピーシーワークスが起源となります。当初はその名の通り、システムの受託会社でしたが、2006年に社名をベイカレント・コンサルティングに変更し、コンサルティングファームへの転換を図ります。

その後も順調に拡大を続け、２０１６年に東証マザーズに上場し、２０２２年には東証プライム市場に鞍替えしています。２０２４年には持株会社制に移行し、現在はベイカレント（持株会社）の傘下に、ベイカレント・コンサルティングとベイカレント・テクノロジーを抱える体制になっています。

直近（24年2月期）の売上は９３９億円で、そのうち１０５億円（1割強）をファイザー1社から稼いでいます。これは、「コロナワクチン特需」によるものと言われています。従業員は４３２１人で、ＢＩＧ４の日本法人と肩を並べる規模にまで達しています。単純な割り算をすると、1人当たり売上高は約２２００万円で、アクセンチュアの日本法人（約３０００万円／人）と比べると、約3分の2の単価水準になります。また、平均給与が約１１００万円なので、粗利がおよそ5割のビジネスとなります。

資本市場からの期待は高く、上場時には３００億円程度だった時価総額が、一時期は1兆円の大台に迫る時期もありました。現在もＰＥＲ（株価収益率）は20～30倍と、高い水準で推移しています。

では、なぜベイカレントは、ここまで急成長できたのでしょうか。

まず、売上拡大の観点では「製販分離」を行ったことが挙げられます。

コンサルティングファームでは、パートナーと呼ばれる経験豊富なコンサルタントが、営業を行うと同時に、デリバリー（納品）に対しても責任を持つ、「製販一体」型モデルが一般的です。それに対してベイカレントは、専門の「営業部隊」を持ち、そこで受注したプロジェクトを、「納品部隊（コンサルタント）」にパスするという、分業体制をとっています。当然ながらこの体制では、「CXOアジェンダ」のような戦略プロジェクトは受注できませんが、「現場の業務代行」のような仕事は数多く拾ってくることができます。

次に、人材確保の観点では、新卒採用に力を入れていることが特徴です。

かつては競合ファームからの「引き抜き」で、裁判沙汰になったこともありましたが（詳細は第8章で紹介します）、その後は新卒市場でのブランディングに注力し、現在では年間200人以上の学生を採用しています。もしかしたら、業界内での評判と新卒市場での評価に、最もギャップがあるファームかもしれません。

また、コスト競争力の観点では、日系の独立ファームなので、外資系ファームの日本法人と違い、親会社に上納するロイヤリティ負担がない点も有利に働いています。

そんなベイカレントを追随するのが、「ライズ・コンサルティング・グループ」です。同社は、ベイカレント出身者が立ち上げた会社で、ビジネスモデルも類似していることから、「ベイカレ兄弟」と呼ばれることもあります。

２０１０年の設立後から順調に成長し、２０２３年に東証グロース市場に上場します。直近の決算（24年2月期）では、売上は62億円（うち3割はＮＴＴデータ）、従業員は２６４人、１人当たり売上高は約２３００万円、平均給与は約１１５０万円と、ベイカレントのおよそ15分の１の相似形と言えます。

直近でまた、似たような上場がありました。続いては、アクセンチュア出身者らが立ち上げた「グロービング」です。

２０１７年に設立し、２０２４年10月には東証グロース市場に上場します。直近の決算（24年5月期）では、売上は42億円（本田技研工業・三井化学・パーソルクロステクノロジーがそれぞれ1割強）、従業員は２０３人、１人当たり売上高は約２１００万円、平均給与は約１５００万円と、ベイカレントのおよそ20分の1、ライズの約３分の２の相似形になります。

ALL ABOUT THE CONSULTING BUSINESS

6 次々と生まれる特化型コンサル

前段で紹介したのは、総合ファーム出身者が中心となって立ち上げた「総合型」の新興勢力でした。ここでは、戦略ファーム出身者が中心となって立ち上げた「特化型」の新興勢力について紹介します。

まず古いところでは「経営共創基盤（ＩＧＰＩ）」があります。創業者はＢＣＧに入社後、ＣＤＩ（コーポレイト ディレクション）のスピンアウトに携わり、その後は産業再生機構のＣＯＯを経て、２００７年にＩＧＰＩを立ち上げます。

同社は「企業再生」に特化したファームとして、コンサルティング支援にとどまらず、自己勘定投資も行っています。経営難に陥った地方の交通事業者（鉄道・バス会社など）を数多く傘下に収めていることでも有名です。

このように、「専門性を活かした支援メニュー」に特化してコンサルティングを行うファームは、その後も次々と生まれています。

例えば2008年、ブーズ&カンパニー出身者らが「成果報酬型のコスト削減」に特化した「プロレド・パートナーズ」を立ち上げます。その後、2018年には東証マザーズ市場に上場し、現在は東証プライム市場に移行しています。

ほかにも2011年に、マッキンゼー出身者が「ビジネスDD」に特化した「ロゴズ・パートナーズ」を立ち上げます。2019年には、ベイン出身者も、同様の特化モデルで「リゾルブ・アンド・キャピタル」を立ち上げています。

2016年には、BCG出身者が「カスタムAIによるビジネス課題解決」に特化した「Laboro.AI」を立ち上げます。そして2023年に東証グロース市場に上場しています。

2018年には、BCG出身者が「マーケティングリサーチに基づく事業開発支援」に特化した「クエスト」を立ち上げます。現在は、マーケティング調査を行うクエストリサーチと、事業開発を支援するクエストに分社化しています。

これらはいずれも、業界を横断して展開する「機能（テーマ）特化型」のファームですが、縦軸側に比重を置く「業界特化型」のファームも出てきています。

例えば2020年、カーニー出身者が「ソーシャルセクター（NPO・NGOなど）」の支援に注力する「オウルズコンサルティンググループ」を立ち上げます。同社は、年間総工数のうち10％以上を、社会貢献団体へのプロボノ活動に投じている点が特徴です。

ほかにも2022年に、カーニー・BCGの出身者が、「エンタメ・スポーツ業界」の支援に注力する「SHAPE Partners（シェイプパートナーズ）」を立ち上げます。同社は当領域において、ビジネス観点での支援に閉じず、エンタメ企業のクリエイティブ観点での支援や、プロスポーツチームの競技観点での支援など、〝本丸テーマ〟にも精力的に取り組んでいることが特徴です。また、子会社のSHAPE Sportsでは、コンサルティング以外のスポーツ関連事業にも取り組んでいます。

図7　日本のコンサルティング業界のプレイヤーマップ

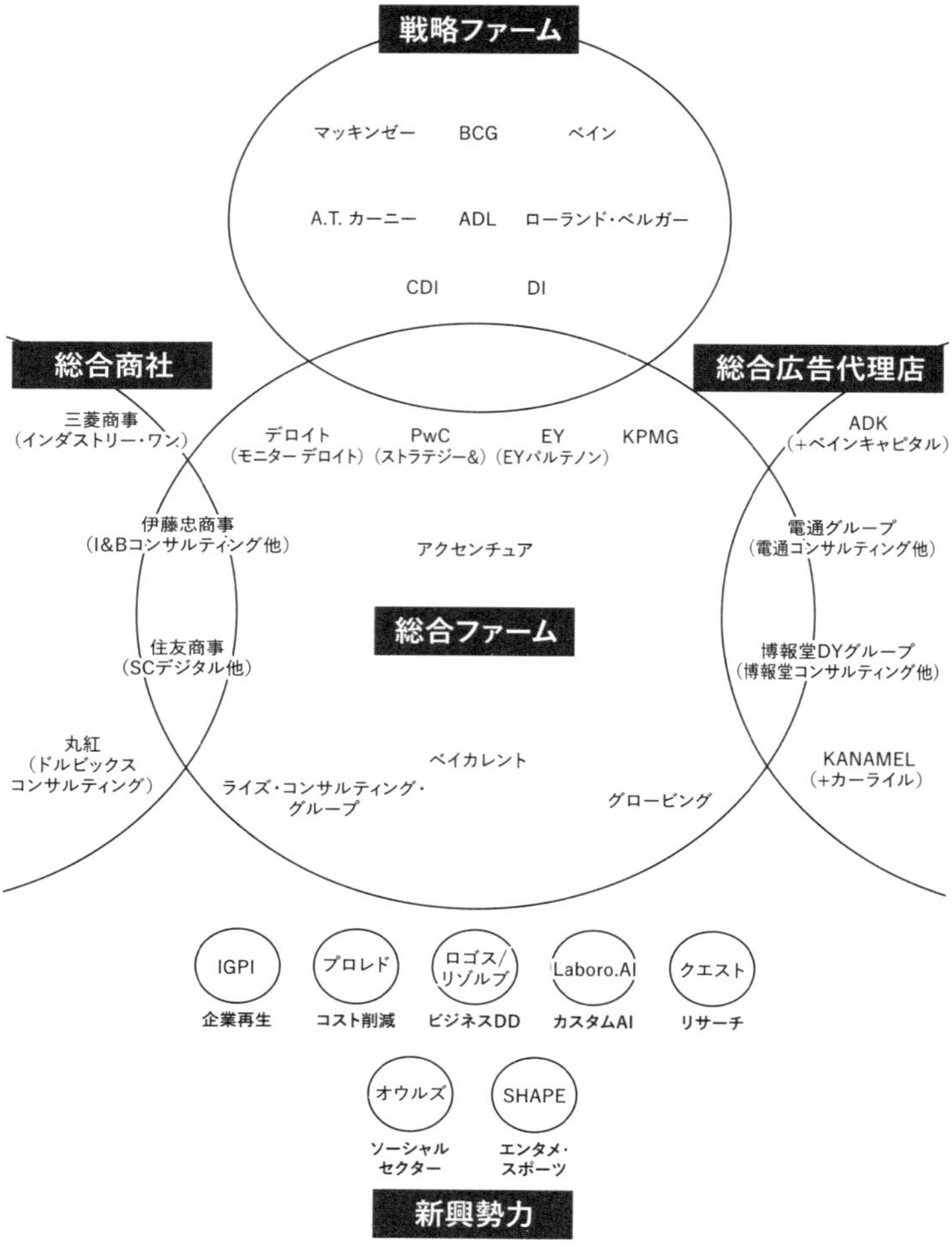

ALL ABOUT THE CONSULTING BUSINESS COLUMN

コンサルティングファームも上場する時代

多くのコンサルティングファームでは、「パートナーシップ制」と呼ばれる組織形態をとっています。パートナー（共同経営者）がそれぞれ出資し、「出資者＝経営者」の体制で、上がった利益を分配するという運営の仕方です。

そのため、例えばＢＣＧやデロイトの日本法人は、「株式会社」ではなく「合同会社」になっています。合同会社は定義により上場できませんが、なぜ上場しないのか、主な理由を３つ紹介しましょう。

１つ目は、「独立性」の問題です。

株式会社では、最終的な意思決定権が株主にあり、かつ、上場した後は株主を自由に選べなくなるため、「不特定多数の株主利益の追求」という使命を抱えることになります。他方、プロフェッショナルファームの多くは、「クライアントファースト」という使命を掲げています。両者の間には、コンフリクトが生じる可能性があり、上場した場合、２つの命題の板挟みになってしまいます。

2つ目は、「秘匿性」の問題です。

上場することを英語で「Go Public」と言いますが、「公開企業」となることで、様々な情報開示を求められます。コンサルティングを行う際は「クライアントとの守秘義務契約」を結ぶという話を前でしましたが、上場した場合は「主要顧客の開示義務」が発生し、ここでも矛盾を抱えることになります。また、四半期毎の業績開示義務もあり、資本市場からの短期的な成長圧力や、その結果に対する説明責任を、常に背負い続けることにもなります。

最後に、「費用対効果」の問題もあります。

上場を維持するためには、取引所に支払う上場料や監査法人に支払う監査報酬など、様々な費用がかかります。また、四半期決算のための社内体制の構築にも、相応の人件費がかかります。つまり、これらを補って余りある「効果」がなければ、上場する意味はないということです。

ではなぜ、前で紹介したコンサルティングファームのいくつかは、「上場」という道を選んだのでしょうか。

まず「選んだ」というよりも、「選ばざるを得なかった」というケースがあります。それは「投資ファンドが株主」の場合です（あるいは、投資ファンドからの出資を受け入れた時点で、上場という道を「選んだ」とも言えます）。

これに該当するのはシグマクシスで、もともと三菱商事とＲＨＪインターナショナルの合弁会社として設立され、５年後に上場しています。ほかにも、ベイカレントとライズの上場にも、実は同じ投資ファンドが絡んでいます。両社とも、創業者が一線を退くタイミングで、サンライズキャピタル（旧ＣＬＳＡキャピタルパートナーズジャパン）が株式を買い取り、創業者利益を実現させました。その後、出資を受け入れてから2〜3年で、両社とも上場しています。

一般的に、上場による「効果」として、会社の「信用力」や採用市場での「ブランド力」なども挙げられますが、やはり一番の理由は「資金調達」かと思います。しかしながら、コンサルティングを「人工（フィー）モデル」で行う場合、他業界のスタートアップと違い、キャッシュサイクルが早いため、大規模な資金調達が必要ないのも実態です。

ただし、前で紹介したアクセンチュアのように、最先端テクノロジーや大規模設備に投資する場合は別です。直近の例だと、カスタムＡＩ開発に投資を行うLaboro.AIも、アクセンチュアと同様のケースになります。

最後に、今回紹介した上場ファームの現在（25年1月時点）のパフォーマンスについても見ておきましょう。

まず圧倒的なのはアクセンチュアで、時価総額は約２４００億ドル（約35兆円）、ＰＥＲも約30倍と桁外れです。

日本では、ベイカレントが圧倒的で、時価総額は約９０００億円、ＰＥＲも約30倍と高い水準を維持しています。それに続くのが、ドリームインキュベータ、シグマクシス、グロービングで、時価総額は数百億円の半ば、ＰＥＲも20～40倍と高い水準です。

特徴的なのは、Laboro.AIで、時価総額は約１７０億円とまだ大きくありませんが、ＰＥＲは約１００倍と、市場から高い期待を寄せられています。これは「人工（フィー）ビジネス」ではなく、カスタムＡＩという「プロダクト開発」を行っているため、将来的に「スケール（一気に拡大）」する可能性を織り込んでのことかと思います。

第5章

戦略ケースから学ぶコンサルプロジェクトの世界

Chapter 5 :
The World of Consulting Project

ALL ABOUT THE CONSULTING BUSINESS

1

戦略プロジェクトはどのように始まるのか

第2～4章まで、コンサルティング業界の勢力図について見てきました。続く本章では、コンサルティングファームが具体的にどのような仕事をしているのか、オーソドックスな戦略プロジェクトを題材に紹介していきます。

以前に「戦略ファームのフィーは1億円を超えることもある」と言及しましたが、そもそも戦略プロジェクトは、どのようなきっかけで始まるのでしょうか。大きく4パターンに分けられます。

1つ目は、「非常事態」によるパターンです。第2章で紹介したJAL再生や東電国有化などが該当します。

大きな環境変化があった際には、会社を根本から立て直す必要に迫られて、戦略プロジェクトが行われることがあります。頻度は数年に1回程度と少ないですが、一度始まるとビッグプロジェクトになります。

2つ目は、「オーナーチェンジ」によるパターンです。投資ファンドによる企業買収などが該当します。

コンサルティングファームは、買収前のビジネスDDの段階から携わり、買収対象企業の将来の戦略を描き、買収後も描いた戦略に沿った支援を行うことがよくあります。その場合、支援するのは買収対象企業ですが、最終的なクライアント（フィーの出どころ）は投資ファンドとなります。

3つ目は、「プロ経営者」によるパターンです。日系企業ではあまり馴染みがないですが、海外企業およびその日本法人ではよくあるケースです。

コンサルティングファームは、外部から来たプロ経営者の参謀役として、新たな戦略の策定を支援することがあります。特に、コンサルタント経験のあるプロ経営者の場合は、コンサルタントの使い方を熟知しているので、コンサルティングファームを積極的に活用する傾向があります。

最後は、「経営伴走」によるパターンです。これが、最も一般的な戦略プロジェクトの始まり方になります。

コンサルティングファームでは、パートナーと呼ばれる経験豊富なコンサルタントが営業活動を行います。これは、既製の商品やサービスを販売する会社とは異なり、無形の「プロジェクト」という名の「テーラーメイドソリューション」を販売しているためです。

パートナーの一番大事な仕事は、クライアント企業の経営陣と対話を重ねることです。その際、特定の専門家（Hired Expert）ではなく、信頼できる助言者（Trusted Advisor）となることで、経営上の悩み（CXOアジェンダ）を相談される関係性を築いていきます。そして、それらのCXOアジェンダの中から、コンサルティングファームが支援することで解決できること、加えて、フィーに対して10倍以上の成果が期待できることを特定し、プロジェクトとして提案します。

クライアントが自ら提案依頼書（RFP）を作成し、コンペを行うこともありますが、そのはるか手前の漠然とした悩みの段階から寄り添い、先回りして提案するのが、理想的なプロジェクトの始め方になります。

ALL ABOUT THE CONSULTING BUSINESS

2 戦略ファームの提案内容

プロジェクトが始まる手前で、戦略ファームはどのような提案を行っているのでしょうか。まだ無形のものに対し、1億円を支払う意思決定をしてもらうためには、相応の価値があることを提示しなければなりません。

ここでは、コンサルティングプロジェクトの「提案書」にフォーカスを当てて、一般的な構成とそれぞれの意味合いについて、順番に紹介していきます。

プロジェクトの背景と目的

まず導入で、「プロジェクトの背景・目的」について説明します。最初の入口でボタンをかけ違えると、その後の話がスムーズに流れなくなるので、提案書において最も丁寧にすり合わせる部分になります。

「背景」は「ＷＨＹ」に応えるもので、なぜ今このプロジェクトを行うべきなのか、クライアントの経営の文脈において、このプロジェクトはどのような価値や意味を持つのかについて認識合わせを行います。

「目的」は「ＷＨＡＴ」に応えるもので、何をこのプロジェクトを通じて達成したいのか、クライアントがこのプロジェクトに期待する成果は何かについて目線合わせを行います。

プロジェクトの検討アプローチ

次に、その目的を達成するための「ＨＯＷ」として「プロジェクトの検討アプローチ」、すなわち、どういう順番で、どのような検討を行い、どうやって期待される成果にまでたどり着くのかについて、見通しを示します。

より具体的にいうと、プロジェクトの大きな進め方を理解してもらうための「全体像」と、各パートの詳細な進め方を理解してもらうための「検討イメージ」を提示します。

「検討イメージ」として用意する資料は、ケースバイケースになりますが、例えば、検討の枠組み（フレームワーク）や切り口（論点）、過去のプロジェクトでの類似事例や今回のプロジェクトでの初期仮説などが該当します。

プロジェクトの期間・体制・予算

そして、それらを具体的なタスクや実際のスケジュールに落とした「ワークプラン」、プロジェクトを推進するためのチーム編成や従事するメンバーを記載した「支援体制」、その体制×期間にかかるフィーなどを含む「お見積もり」を提示します。

ここまでは、どのファームにも共通する「規定演技」ともいえる提案項目になりますが、最後に「Ｗｈｙ ●●（ファーム名）」という「自由演技」のパートがあり、そこで各社とも独自のセールスポイントを盛り込みます。

前に紹介した、戦略プロジェクトが始まる４パターンのうち、最後の「経営伴走」以外はコンペになることが多いです。このコンペは別名、「ビューティ・コンテスト（略してビューコン）」とも呼ばれます。優勝者以外は全員負けなので、各社とも「美しく」見えるよう、全力で磨き込みます。

何をアピールすべきかは、プロジェクトの内容にもよりますが、関連するプロジェクトの支援実績や成果、従事するメンバーの経歴や専門性、ファーム全体でのサポート体制（グローバルのネットワークやアドバイザーなど）が定番のメニューになります。

ALL ABOUT THE CONSULTING BUSINESS

3 プロジェクトは設計が9割

ここからは、晴れてプロジェクトを受注した後の話をしていきます。先ほど、コンサルティングファームの営業はパートナーの仕事という話をしましたが、プロジェクトを受注した後は、主導権がマネジャーへと移っていきます。

コンサルティングファームのマネジャーは、サッカーでいうと「司令塔」のような役割を担います。常に周りを見渡しながら、チームメンバーにパスを供給してゲーム（プロジェクト）全体をコントロールしつつ、ここぞという場面では自らシュートを決めにいく（付加価値を出しにいく）こともあります。

そして、マネジャーの大仕事の1つが、プロジェクトの設計になります。最初の設計の段階で、プロジェクトの成否が決まるといっても過言ではないくらい、とても大事な仕事で、マネジャーの一番の腕の見せ所でもあります。特に戦略ケースのように、スコープが広く、型にはまらないプロジェクトの場合、その重要性はより高くなります。

では、マネジャーは、プロジェクトの最初に何を設計するのでしょうか。代表的なものを3つ、紹介していきましょう。

タスクの設計

1つ目は「タスクの設計」です。これは提案書の段階で仕上がっていることが理想ですが、「検討アプローチ」の段階で止まっている場合は、マネジャーがそこから腕をまくり、具体的な作業（タスク）に落とし込んでいく必要があります。

プロジェクトには必ず期間があり、「絨毯爆撃《じゅうたんばくげき》」のごとくボトムアップで作業していると、期待される成果にまでたどり着けません。そのため、コンサルタントは常に「仮説」を持ちながら、トップダウンで作業を進める必要があります。

その際、「何に対して仮説を持つか」というのが重要で、それをBCGでは「論点」、マッキンゼーでは「イシュー」と呼んでいます。

論点とは、「解くべき問い」のことを指し、プロジェクトで最終的に解くべき問い（大論点）から、それに答えるために解くべき問い（中論点や小論点）へと、「ロジックツリー」を使ってブレークダウンしていきます。そして、各論点に対する仮説（現時点の答え）を設定し、その確からしさを検証するためのアプローチを定めたところで、ようやくタスクに落ちて、メンバーに割り振ることができます。

これらを書き下すことを、ＢＣＧでは「論点整理（論点・仮説・検証アプローチ）」、マッキンゼーでは「イシューアナリシス」と呼び、プロジェクト全体の設計図のようなものになります。

ミーティングの設計

２つ目は「ミーティングの設計」です。マネジャーは、プロジェクトが確定したらすぐに、３ヶ月のプロジェクトなら3ヶ月先まで、主要なミーティングを設定します。

まず設定するのは、クライアントとのミーティングです。月次で「ステアリング・コミッティ（ＳＣ）」、週次で「ワーキング・グループ（ＷＧ）」を設定するのが一般的です。ＳＣはクライアントの経営陣も参加する意思決定を行う場（中間報告や最終報告など）で、ＷＧはそこに向けてクライアントのプロジェクトメンバーと議論を重ねる場です。

その他にも、プロジェクトの初期にインタビューをしたり、中盤で集中討議（合宿）をしたりしますが、組めるスケジュールは最初にすべてアレンジしてしまいます。その上で、各ミーティングでの獲得目標（ゴール）と討議すべき内容（アジェンダ）を想定しながら、プロジェクトの進行計画（ゲームプラン）を組み立てていきます。

次に、インターナル（チーム内）のミーティングを設定します。ＢＣＧでは、ＣＴＭ（ケース・チーム・ミーティング）と呼んでいましたが、パートナーを含めたメンバー全員で議論する場を、週次で設定します。

このＣＴＭを、どのタイミングで実施するか（ＳＣやＷＧの前にするか／後にするか）、そこで何を議論するのか（資料の事前確認をするか／ネクストステップを相談するか）も、マネジャーが指揮をとります。それとは別に、マネジャー以下で議論するミーティングも日次で設定して、１日１日、チームで価値を積み上げていきます。

働き方の設計

最後は「働き方の設計」です。コンサルティングプロジェクトは、毎回違うメンバーによる協働作業となるので、最初にチームとしての働き方のルール（チームノーム）を定める必要があります。

マネジャーは、プロジェクトメンバーが決まったら、最初に各メンバーとの１ｏｎ１を行います。そこで、その人となりの理解に努めるとともに、それぞれの想いや要望にも耳を傾けます。

当然ながら、コンサルタントは生身の人間なので、ＡＩと違って個性や感情が豊かで、好きなことや得意なこと、仕事へのこだわりやプライベートの事情など様々です。それらを考慮した上で、各メンバーが高いモチベーションを維持して、最高のパフォーマンスを発揮できるような環境を整えていきます。

また、マネジャーはメンバーの育成にも責任を持ちます。そのため、各メンバーが成長するための課題を把握した上で、それを克服するのに適したチャレンジとフィードバックの機会も、プロジェクトの中で用意していきます。

一方で、コンサルティングプロジェクトは、個人プレーではなくチームプレーなので、マネジャーはチーム全体のパフォーマンスにも責任を持ちます。各メンバーの最高のパフォーマンスの総和が、チーム全体のパフォーマンスの最大化につながれば良いのですが、そう単純な話ではありません。各メンバーの働きやすさや成長機会、メンバー同士の相性や連携の仕方など、様々な要素のバランスをとりつつ、全体最適となる「チームノーム」を定めるのも、マネジャーの大事な仕事です。

以上の3つの設計が終わった状態で、キックオフミーティングの日を迎えられるのが、マネジャーとして理想のプロジェクトの始め方になります。

ALL ABOUT THE CONSULTING BUSINESS

4 コンサルワークの秘伝のレシピ

キックオフミーティングを終えると、プロジェクトメンバーも含めた総力戦がスタートします。コンサルタントはその最中で、どのような仕事をしているのでしょうか。

第2章でコンサルティング業とは、「情報を付加価値に転換する仕事」と言いました。あるいは戦略ファームを、情報の「インプット（収集）↓プロセッシング（加工）↓アウトプット（価値）」を高速で行う「付加価値製造工場」にも例えてみました。

別の例えをしてみると、コンサルタントは人気レストランのシェフのように、厳選した食材を仕入れて（インプット）、独自のこだわりの調理法で（プロセッシング）、創意工夫を凝らした提供方法で（アウトプット）、「なるほど」を引き出す職人とも言えます。

その各工程において、具体的に何をしているのか、コンサルタントの「秘伝のレシピ」とも言える仕事の中身を紹介していきます。

インプット（情報収集）

まずは「インプット（情報収集）」を行います。ＧＩＧＯ（Garbage In, Garbage Out）という言葉もありますが、良質なインプットなくして良質なアウトプットは生み出せません。コンサルティングを行う際のインプットには、大きく2つの段階があります。

最初は、「キャッチアップ」の段階で、クライアントの業界やプロジェクトのテーマについて、基本的な情報を把握します。かつては、大型書店で関連書籍を〝大人買い〟したり、インターネットで関連用語を検索したりしていましたが、最近ではChatGPTなどの生成ＡＩツールによって、このプロセスが代替されつつあります。それらを駆使しながら、一刻も早くクライアントと同じ知識レベルで議論ができるよう準備します。

その上で、「オーバーテイク」の段階、すなわち、クライアントが知らない「生の情報」を仕入れて、付加価値につなげる段階に移っていきます。

すでにデータ化されている情報は、容易に共有知化されるので、まだデータ化されていない状態のものを、インタビューによって掘り起こしにいくのが、基本的なアプローチになります。インタビューの種類としては、「エキスパートインタビュー」「ユーザーインタビュー」「クライアントインタビュー」などがあります。

プロセッシング（情報加工）

次に、「プロセッシング（情報加工）」を行います。集めた素材（ファクト）を分析したり、組み合わせたりして、洗練していく工程になります。

第2章で、マッキンゼーのマービン・バウワーが、「グレイヘア・コンサルティング」から「ファクトベース・コンサルティング」への転換を図ったという話を紹介しました。その基礎となるのが「ロジカルシンキング」であり、コンサルタントが思考する際にも、チームで議論する際にも、共通言語として活用されます。

そして、ロジカルシンキングを駆使し、ファクトの集積から意味のある洞察や示唆を抽出して、クライアントにとって価値あるものへと仕立てていきます（次章で解説します）。

アウトプット（提供価値）

最後に、「アウトプット（価値提供）」を行います。練りに練って導き出した洞察や示唆を、受け手が理解しやすい形にして、プレゼンテーションする工程になります。

実は、付加価値があるかどうかは、インプット（新たな情報があるか）とプロセッシング（鋭い洞察や示唆があるか）の段階ですでに決まっています。ただし、その付加価値をどこまで実感してもらえるかは、アウトプットの表現次第で大きく変わってきます。

また、コンサルティングは、クライアントを介して世の中に価値を届ける仕事なので、クライアントの意思決定や行動につながらなければ、成果を出したことにはなりません。そのため、コンサルティングファームには、クライアントの行動変容を促すためのプレゼンテーションのノウハウが蓄積されています（こちらも次章で解説します）。

ここまで、コンサルティングファームの中の工程について紹介しましたが、そこで生み出されたアウトプットは、クライアントにとっての新たなインプットとなり、そこで引き出された反応は、コンサルティングファームにとっての新たなインプットにもなります。

それは言い換えると、クライアントとの議論を通じて、「仮説（アウトプット）→検証（インプット）」を繰り返しているということです。そして、この仮説検証のサイクルは、コンサルタント個人の階層でも、プロジェクトチームの階層でも、相似形のように行われています。

つまり、コンサルティングワークとは、「インプット→プロセッシング→アウトプット」を土台とした仮説検証のサイクルを、個人／チーム／クライアントの各階層において高速で回すことで、仮説を日々進化させて、付加価値へと昇華させている活動になります。

ALL ABOUT THE CONSULTING BUSINESS

5 プロジェクトが炎上するパターン

コンサルティングプロジェクトは、必ずしもすべて順風満帆に進むわけではありません。その道中で、歯車がうまくかみ合わなくなって、長時間労働を強いられたり、メンバーの離脱や逐次投入が行われたりして、チーム内に険悪なムードが漂うことも多々あります。コンサルティングファームでは、そのような状況を「炎上」と呼んだりもします。

代表的な炎上パターンとして、３つの「ミスマッチ」について紹介します。

１つ目は、「クライアントとコンサルティングファームの間のミスマッチ」です。

本来であれば、クライアントの期待とコンサルティングファームの最終成果物について、プロジェクトの開始前に入念にすり合わせておくべきなのですが、その点が曖昧な状態でキックオフしてしまうと、ドツボにはまります。

よくあるのが、依頼されているスコープと、支援する体制や期間が釣り合っていないケースで、平たくいうとパートナーが〝安請け合い〟してきたプロジェクトになります。そのようなプロジェクトでは、長時間労働が常態化してメンバーが疲弊したり、人員追加や期間延長によって収支が赤字になったりします。

人と時間をかけて帳尻が合うならまだマシで、より不幸なのは、そもそもの「論点」がズレていて、その先に答えが見出せないケースで、いわゆる〝無理筋〟なプロジェクトになります。そのようなプロジェクトでは、どれだけ頑張って走っても出口にたどり着かず、チーム内には徒労感が蔓延し、クライアントからも当然評価はされず、最悪の場合には〝出禁〟を食らうことすらあります。

2つ目は、「クライアントの社内のミスマッチ」です。

クライアントが大企業の場合、様々なステークホルダー（利害関係者）が存在するため、必ずしも〝一枚岩〟というわけではありません。特に、戦略プロジェクトの場合は、「戦略とは捨てること」という言葉もあるように、そのプロジェクトの結果として不利益を被る部門が出てきたりもします。そのような部門が、時に抵抗勢力として、プロジェクトの前に立ちはだかることがあります。

よくあるのが、若手のコンサルタントがクライアントの抵抗勢力を逆なでしてしまい、その部門からの協力が得られなくなって、プロジェクトが頓挫するケースです。そうなると、プロジェクトを中断（最悪の場合には中止）せざるを得なくなるので、コンサルティングファームは、クライアントの社内政治にも気を配っています。

３つ目は、「コンサルティングファーム内のミスマッチ」です。パートナーとマネジャーの間で、アウトプットイメージがすり合っておらず、報告会の直前になってやり直しが発生する、いわゆる〝ちゃぶ台返し〟です。

よくあるのが、マネジャー以下のメンバーが、クライアントの現場メンバーと密に議論を重ねるうちに、視座が下がってしまい、CXO向けの提言になっていないケースです。週次のWGはそれで問題ないのですが、月次のSC向けのアウトプットをその延長戦上で作ってしまうと、パートナーから〝焼かれる〟ことになります。

そうならないために、コンサルティングファームでは「鳥の目・虫の目」という言葉を使ったりしますが、様々な視座から物事を捉える訓練をしているのです。

ALL ABOUT THE CONSULTING BUSINESS

6

芋づる式に次のプロジェクトへ

仮説検証を繰り返し、炎上なども乗り越えて、無事に期待以上の付加価値を届けられた場合、コンサルティングファームは次のプロジェクトを〝おかわり〟することがあります。これは「フォロー（継続）提案」と呼ばれたりもしますが、最終報告の場でプロジェクトの成果と合わせて、次に取り組んだ方が良いことを提案するのが定番のパターンです。

よくあるのは、プロジェクトの「フェーズ2」で、戦略策定のプロジェクトであれば、その実行支援を提案します。クライアントが自分たちだけで実行できる場合は、そのままバトンタッチをしますが、成果を確実に刈り取るために引き続き支援した方がいい場合（そして、フィーの10倍以上の成果が期待できる場合）は、次のフェーズを提案します。

あるいは、「追加的考察（Beyond the Scope）」として、プロジェクトの本筋ではないものの、検討を進める中で新たに見出された課題や、さらなる成長に向けて取り組んだ方が良いことを提示し、別テーマのプロジェクトとして提案することもあります。

ただし、いずれの提案も、足元のプロジェクトで期待以上の成果を残し、クライアントと深い信頼関係を築けていることが前提となります。逆に、その関係性を築けていれば、クライアントの経営のコンテクストを理解しているアドバンテージを活かし、ノーコンペで〝芋づる式〟にプロジェクトを受注できる見込みが高くなります。

継続の受注がなく、プロジェクトに一区切りがついた場合は、プロジェクトで得られた知見の体系整理を行います。最初は素人同然だったジュニアコンサルタントも、３ヶ月間もプロジェクトにどっぷりと浸かっていると、いっぱしの専門家のようになっています。そこでの学び（Key Lesson Learned）を業界×テーマ別に整理をして、ナレッジ（組織知）として蓄積していきます。

当然ながら、プロジェクトを行う際には守秘義務契約を結ぶので、クライアント固有の情報は、広く共有することができません。そのため、「サニタイズ」と呼ばれるプロセスを経て、個別・具体の情報を捨象し、抽象化・汎用化した状態で、知見やノウハウを格納します。

こうして汎用化した知見やノウハウは、別のクライアント向けの提案メニューとしても活用が可能で、それをコンサルティングファームでは「プロダクト化」と呼びます。

そして、このプロダクト化にどこまで力を入れて取り組むかは、ファームによって方針が分かれるところになります。

プロダクトの完成度が高ければ、どんなコンサルタントが担当しても、一定水準以上のアウトプットが作れるので、ファームの規模を拡大する際には重宝されます。そのため、総合ファームはいずれも、昔からプロダクト化に積極的な印象があります。

一方、戦略ファームは「戦略とは差別化」という考え方のもと、〝金太郎飴〟的な一般解を量産するのではなく、〝一点もの〟の固有解を手間ひまかけて作り込むため、かつてはプロダクト化に及び腰でした。しかし、足元では戦略ファームも規模拡大競争に参戦しているので、パッケージプロダクトを整備し始めているところも見られます。

ALL ABOUT THE CONSULTING BUSINESS COLUMN

コンサルプロジェクトの昔と今

この章の締め括りとして、少し昔の話を紹介したいと思います。私がこの業界に足を踏み入れたのは、もう20年ほど前になりますが、当時を振り返りながら、今のコンサルティングプロジェクトと比較してみたいと思います。

プロジェクトの進め方

当時は、プロジェクトの設計が今ほど洗練されておらず、試行錯誤を繰り返すケースがほとんどでした。炎上は日常茶飯事で、オフィスのあちらこちらで煙がモクモクと上がっていました。

当時のA・T・カーニーの日本オフィスは１００人程度の組織で、全員の顔と名前が一致し、誰がどのプロジェクトに入っているかもわかっていたので、燃え上がっているプロジェクトの火消しを皆で一緒に手伝うこともありました。

今では、パッケージ型のプロジェクトが増え、進め方も定型化されたことで、炎上プロジェクトは昔と比べて減ってきています。また、オフィスの陣容が拡大して〝他人事〟のプロジェクトが増え、リモート環境が当たり前になって雑談の機会が減ったことで、たとえ炎上していたとしても周囲からは見えづらい状況にあるようにも思います。

働き方

働き方に関して、当時は徹夜することも当たり前で、時給に換算したらマクドナルドのバイトよりも安いと冗談で言い合っていました。そんなブラックな労働環境の中で、燃え尽き症候群になってしまう人やメンタルに不調をきたす人を、何人も見てきました。

今では、コンサルティング業界でも「働き方改革」が進み、過度な長時間労働は是正され、サステナブルな働き方に変わってきています。なかには、ジュニアメンバーは平日20時以降や休日は働けない（事前の許可制）というファームもあるほど、ホワイトな労働環境に様変わりし、隔世の感があります。

アウトプット

アウトプットに関して、当時はクライアントの期待を超えることは最低条件としながら、その先も自分たちが納得のいくまで「作品」を磨き込んでいました。

一般的に、クライアントへの提供価値は、投下時間に比例して伸び続けるわけではなく、途中から漸近線のように寝てくるのですが、その「ラストワンマイル（クライアントからは差分が知覚されないようなディテール）」にまでこだわって仕事をしていました。

今では、コンサルティング業界でも「生産性」が重視され、「投下時間あたりの付加価値」は年々高まっているように思います。それゆえ、「働き方改革」が進む中で、多くの時間をかけずとも、クライアントの期待を超えるアウトプットを、「効率的」に生み出せるようになってきています。

一方、それと引き換えに、クライアントへの提供価値に必ずしも直結しない、コンサルタントの「自己満足のような仕事（職人としての矜持をかけた美学の世界）」は、どんどん端へと追いやられています。

時代錯誤かもしれませんが、私個人としては「自分の作品」を磨いている時間は、たとえ長時間であったとしても、全く苦ではなかった（むしろ至福の時間だった）ので、それが定時で区切られる今のジュニアメンバーは、少しかわいそうにも思えます。

また、個人的には、コンサルタントは「ビジネス界のアスリート」だと思っています。真剣勝負の世界で喜怒哀楽が凝縮された濃密な時間、脳みそに汗をかき時間も忘れて没入する感覚、ギリギリのチャレンジが成果に結実した時の何事にも代えがたい達成感は、どれもこの仕事の醍醐味です。

今や、コンサルティングは「ビジネス」として確立され、コンサルタントは「生産性」を重視してスマートに働くようになりましたが、この仕事から「職人的要素」が失われ、「サラリーマン」的な枠に押し込められている姿を見ると、少し寂しい気持ちになります。

第6章

カタカナ言葉から学ぶコンサルスキルの世界

Chapter 6 :

The World of Consulting Skill

ALL ABOUT THE CONSULTING BUSINESS

1 「ロジカルシンキング」は万能スキル

本章では、コンサルタント個人の仕事にフォーカスを当て、そこで求められる普遍的な「コンサルティングスキル」について解説していきます。まずは、コンサルティングとはどのような仕事なのか、改めておさらいしておきましょう。

先ほど「コンサルワーク」とは、個人／チーム／クライアントの各階層において、仮説検証のサイクルを高速で回し、仮説を日々進化させ、付加価値へと昇華させている活動と紹介しました。そして、これら3つの階層のいずれにおいても活躍するのが、「ロジカルシンキング」です。

まず、コンサルタント個人としては、限られた時間の中で、生産性（投下時間あたりの付加価値）を高く仕事をする必要があります。その際、頭の中を整理し、考えるスピードと精度を高める「思考のＯＳ」とも言える働きをするのが、ロジカルシンキングです。

一方、コンサルティングは個人プレーではなくチームプレーなので、皆で議論しながら、付加価値を重ね合わせることも重要になります。その際、ロジカルシンキングは「議論の共通言語」としての役割も果たします。

さらに、コンサルティングはクライアントを介して世の中に価値を届ける仕事でもあります。その際、クライアントの行動変容を促すための「コミュニケーション技術」としても、ロジカルシンキングは活用されます。

このように、ロジカルシンキングは、コンサルティングワークにおける、最も基礎的で汎用的な必須スキルと言えます。

では、「ロジカルシンキング」、日本語でいう「論理的思考」とは、どのようなスキルなのでしょうか。辞書的な説明では「物事を構造化して、筋道を立てて考えること」とあります。もう少し深掘ってみましょう。

まず「構造化」について。同じく辞書的な説明では「物事の全体像を定義し、その中にある構成要素と構成要素間の関係を、わかりやすく見えるようにすること」とあります。

これを体現するものとして「ピラミッド」がよく使われます。三角形の頂点にいくほど抽象的な概念や結論、底辺にいくほど具体的な事象や論拠を配置して、全体と個別要素の位置関係を可視化するものになります。
そして、このピラミッドを横方向に展開していくのが「MECE」、縦方向に接続していくのが「ロジックツリー」や「ピラミッドストラクチャー」と呼ばれるコンサルスキルになりますが、その詳細については後段で改めて解説します。

次に「筋道」について。これは、構造化したピラミッドが崩れないように、ブロックをどう組み立てていくか、という話になります。このブロックの組み立て方として、大きく「演繹法」と「帰納法」があります。

演繹法

演繹法は、教科書的には「アリストテレスの三段論法（大前提→小前提→結論）」が有名ですが、コンサルティングの世界では「空雨傘」の三段論法をよく使います。
『空』を観察して、『雨』が降りそうと判断したら、『傘』を持っていくことを提案する」というように、「事実→解釈→行動」の順番でそれぞれを切り分けて組み立てていく論理展開です。

図8-1　演繹法

図8-2　帰納法

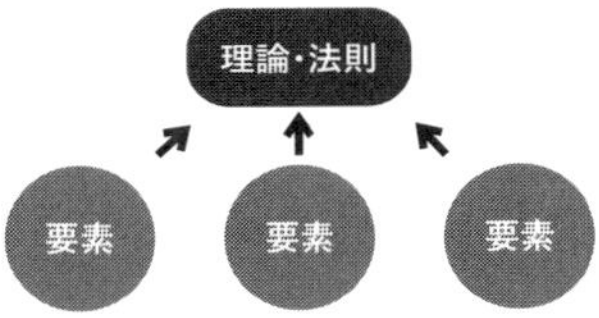

帰納法

帰納法は、複数の事象に共通する本質的な要素（エッセンス）を抽出し、そこから一般的な法則を導き出す論理展開です。コンサルティングの場面においても、抽出したエッセンスを、他のものに置き換える「例え話（メタファー）」や、他の領域に適用する「類推（アナロジー）」がよく使われます。

　このような頭の使い方を「アナロジー思考」と呼んだりもしますが、こちらも後段で改めて解説したいと思います。

ALL ABOUT THE CONSULTING BUSINESS

2 MECEとは何か

ロジカルシンキングの概要を紹介したところで、続いては「ピラミッド」の横の展開、「MECE（ミーシー）」について、解説していきます。

MECEとは、「Mutually Exclusive, Collectively Exhaustive」の頭文字をとったもので、日本語でいうと「もれなく、ダブりなく」という意味になります。

「ピラミッド」がより強固な構造になるためには、同じ階層に位置するブロック同士が、がっちりとスクラムを組めている必要があります。逆に、「抜けもれ」があってブロックのすき間が空いたり、「重なり」があってブロックがはみ出したりすると、ピラミッドの土台が揺らいでしまいます。そのため、しっかりとした論理構造を組み立てていく上で、MECEが重要な役割を果たします。

コンサルティングワークにおいて、MECEを活用して要素に切り分けていく際には、

①単位、②切り口（軸）、③順番の3つのポイントに留意する必要があります。

①単位

例えば、組体操で人間ピラミッドを作る際、同じ段の人と「体格」が揃っていないと、バランスを保てずピラミッドが崩れてしまいます。同じようにMECEを活用する際にも、隣同士の「大きさ」感を揃えることが重要です。

また、同じ段の人が「横一列」に並んでいなければ、いびつな形のピラミッドになってしまいます。同様に、MECEを活用する際にも、隣同士の「レベル（位相）」感を揃えることが重要です。

もう1つ、「マジックナンバー3」を念頭に置くことも大事です。人間の認知能力は、3個以下と4個以上では、異なるメカニズムが働いているとされます。3個以下の場合は、パッと見て理解し、記憶することができますが、4個以上になると、理解や記憶に時間を要し、思考の流暢さにブレーキがかかります。

そのため、MECEを活用する際も、2個か3個に分解するのが理想です。

②切り口（軸）

例えば、1匹の魚を捌くとき、包丁の入れ方には様々あり、縦にブツ切りにして3等分にすることもできますし、身と骨に切り分けて3枚におろすこともできます。

実は、MECEな状態を作ること自体は難しいスキルではありません。極端な話、最後に「その他」をつければ、少なくとも「もれ」はなくなるからです。

そうではなく、大事なのは「意味のある分け方」をすることです。先ほどの例で言うと、魚を廃棄するのであればブツ切りでも問題ないですが、おいしい刺身にしたいのであればきれいな状態で身を切り取る必要があります。

つまり、「意味がある」かどうかは、何のために分けるのか、分けた後に何をしたいのかによって、変わってくるということです。

話は変わりますが、マーケティング戦略を検討する際、STP（セグメンテーション→ターゲティング→ポジショニング）というステップを踏むのが一般的です。

この最初の「セグメンテーション」が、MECEを活用する場面ですが、セグメントへの切り分け方は無数に存在します。それらの中で、次の「ターゲティング」につながるセグメンテーション、すなわち、有望なターゲットをあぶり出せるような切り口（軸）が、「意味のある分け方」になります。

③順番

先ほどのマーケティングの例を続けると、生活者をセグメンテーションする際の軸は、年齢・性別・居住地・職業・年収・ライフステージなど、無限に挙げられます。これらを闇雲にかけ算して、メッシュに切り刻んでしてしまうと、次のターゲティングにつながらない、「意味のない分け方（セグメンテーション）」になってしまいます。

そこで大事なのは、重要な軸から順番に切り分けることです。最初の包丁の入れ方を間違えると、後戻りが効かなくなります。例えば、消費者のライフステージに寄り添ったマーケティングをしたいときに、最初の軸に年齢や性別を持ってきてしまうと、「２０代男性」「３０代女性」といったブツ切りの単位で打ち手を講じることになってしまいます。

この「重要な軸を見極める」というのは、コンサルティングの場面でよく使われる大事な考え方です。そして、これを応用したのが、有名なＰＰＭ（プロダクト・ポートフォリオ・マネジメント）分析になります。

ＢＣＧが１９７０年代に提唱したフレームワークで、「市長成長率」と「市場シェア」の２軸をとり、商品や事業の位置づけ（花形／金のなる木／問題児／負け犬）を整理して、資源配分を最適化する手法です。

図9

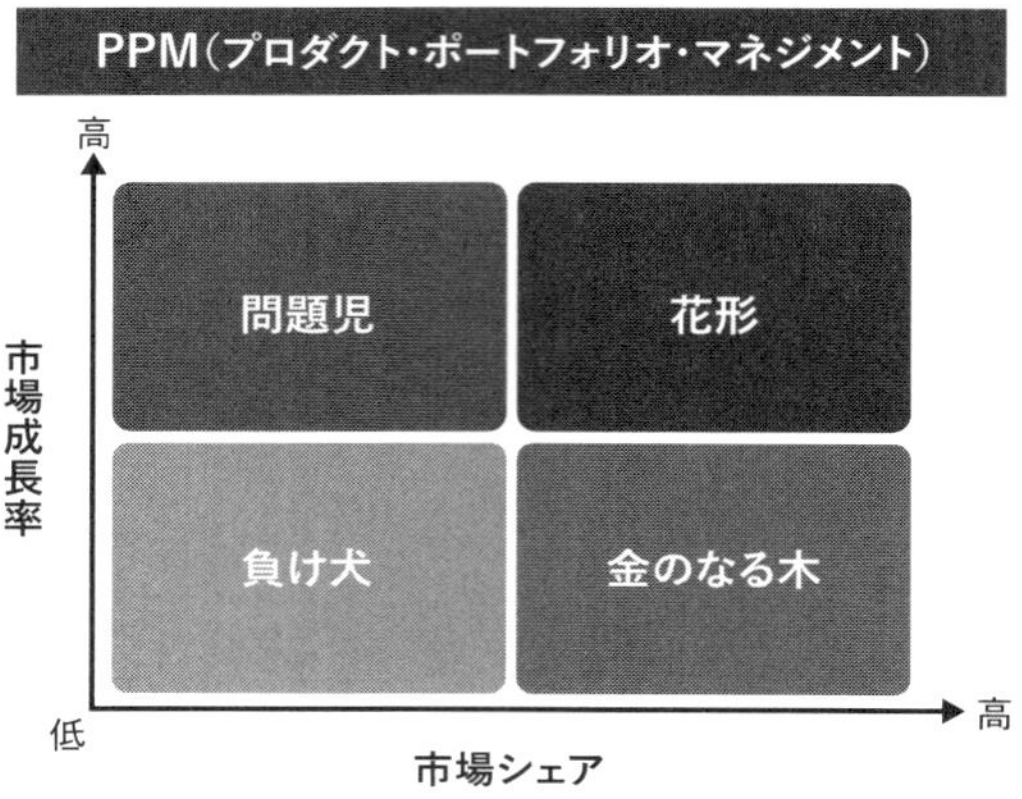

ＰＰＭ自体は、あくまで１つの活用例ですが、根底にある大事な考え方は、最も重要な独立した2軸を見極めること、そして、それらを縦横にとり、２次元の平面にマトリクスで表現して、意思決定を促すことにあります。

逆の言い方をすれば、軸同士が相関する場合には、２軸をとる意味がなくなりますし、軸が３つ以上もある場合には、視覚的な意思決定ができなくなります。

ちなみに、こうした「ビジネスフレームワーク」は、その状況において最初に適用すべき切り口（軸）を、意味のある分け方と適切な単位で、あらかじめＭＥＣＥに分解したもので、「思考のショートカット」としての役割を果たします。

ALL ABOUT THE CONSULTING BUSINESS

3 ロジックツリーとピラミッドストラクチャーの違い

続いて、ピラミッドの縦の接続、「ロジックツリー」と「ピラミッドストラクチャー」についてて解説していきます。

ロジックツリー

ロジックツリーは、プロジェクトの前半に活躍する、原因を分析し、課題を特定するための、問題解決の手法です。前章で紹介した、ＢＣＧの「論点整理」やマッキンゼーの「イシューアナリシス」も、このロジックツリーを使って作成します。

ピラミッド（ツリー）の最上位に、「論点」や「イシュー」、あるいは「解決したい問題」を配置し、そこから「Ｗｈｙ」を繰り返して「原因」を掘り下げ、「真因（＝課題）」を見定めにいくアプローチになります。先ほどと同じく、留意点を３つ紹介します。

1つ目は、言わずもがなですが、原因の階層ごとに、「MECE」感のある要因分解を心がけることです。要因の「抜けもれ」があると、「真因」を見逃す可能性が出てくるので、一階層ずつ丁寧に掘り下げていくことが大事になります。

2つ目は、何度も「Why（なぜ）」を繰り返すことです。トヨタには「なぜなぜ5回」という言葉もあるそうですが、「表層的な原因」ではなく「根源的な真因」にたどり着くまで、繰り返し深掘りを行うことが重要です。逆に、「表層的な原因」で止まってしまうと、「コインの裏返し」のような打ち手しか出てきません。

例えば、「売上の減少」という問題があったとして、「客数」×「客単価」に因数分解してみると、「客単価」は変わっておらず、「客数」が減っていることがわかったとしましょう。ここで「Why」を止めてしまうと、「客数が減っているので、客数を増やそう」というような、トートロジー的な打ち手しか講じることができません。

そうではなく、これ以上はもう要因分解できない、というところまで掘り進めることが重要で、そこで突き当たった「真因（＝課題）」の裏返しが、具体的なアクションにつながっていれば、十分な深さまで掘り込めたといえます。

一方、「マジックナンバー3」で「なぜなぜ5回」を繰り返すと、理論上は「3」の「5乗」で「243の要因」が出てくることになります。さすがにここまでやるのは現実的ではなく、実際には「枝」や「葉」を取捨選択しながら掘り進めていきます。そのため、最終的な姿は、均整のとれた「ピラミッド」ではなく、いくつかの深い「根」を持つ「樹形図（ツリー）」のようになります。

最後は、「因果関係」と「相関関係」を混同しないことです。これはデータ分析が関わる際には特に意識すべきことで、相関関係にある2つのデータを安易に因果で結んでしまうと、「第3の要因」を見落とす可能性が出てきます。

例えば、初めて球場に来た野球ファンの「応援ユニフォームの購入率」と「再来場率」に相関関係があった場合、「応援ユニフォームを買った」ので「また球場に来た」という因果は、はたして正しいでしょうか。もしかしたら、「観戦体験が最高だった」という第3の要因があり、「また球場に来ようと思った」ので「応援ユニフォームを買った」という逆の因果も、可能性としては考えられます。

このように、データを解釈する際には、「本当にそうか」という視点を常に持ちながら、ロジックツリーに組み込むことが大事なのです。

ピラミッドストラクチャー

ピラミッドストラクチャーは、プロジェクトの後半に活躍する、提案する内容を納得感ある形で伝えるための、コミュニケーションの手法です。ピラミッドの最上位に最終的な「結論」や「主張」を配置し、それを支える「根拠」や、さらにその「根拠」を支える「ファクト」を、演繹法や帰納法などを活用しながら組み立てていきます。

プロジェクトの後半にもなると、様々なファクトが集まっているので、ピラミッドの「上（結論）」から「下（根拠）」への「Why So？（なぜそう言えるか？）」だけではなく、「下（ファクト）」から「上（主張）」への「So What？（そこから何が言えるか？）」も組み合わせながら、論理構造を固めていきます。

余談ですが、コンサルタントは口ぐせで、「理由は3つあって」と言ったりしますが、それは頭の中にこのピラミッドストラクチャーが浮かんでいるからです。

こうしたピラミッド作りを通じて、具体と抽象の往復運動を繰り返していると、本質的な要素（エッセンス）の抽出力、つまり、「アナロジー思考」が鍛えられていきます。

アナロジー思考のわかりやすい例として、「なぞかけ」があります。「○○とかけまして、△△ととく。その心は、どちらも□□でしょう」というフォーマットの言葉遊びです。

図10-1　ロジックツリー

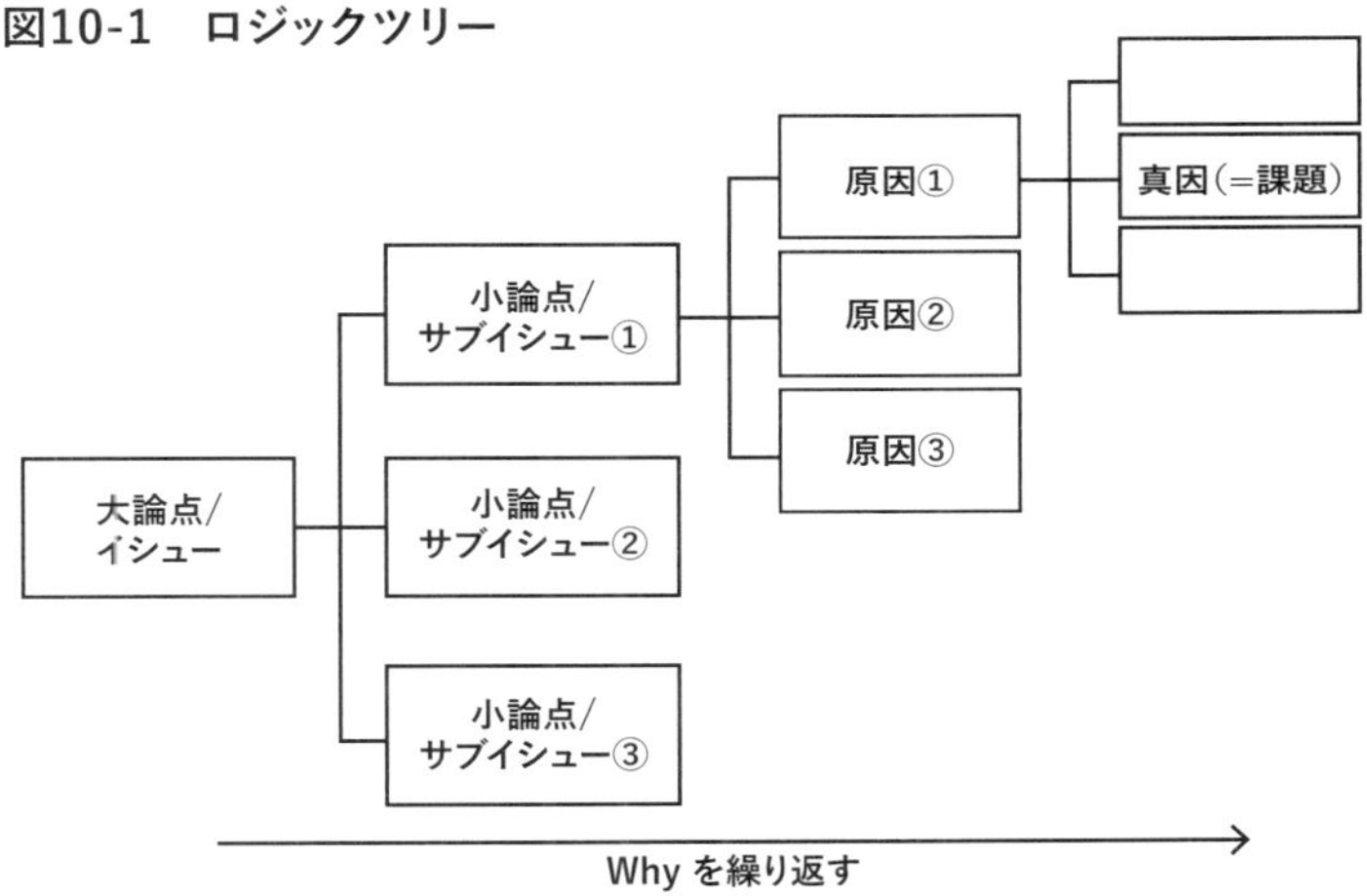

図10-2　ピラミッドストラクチャー

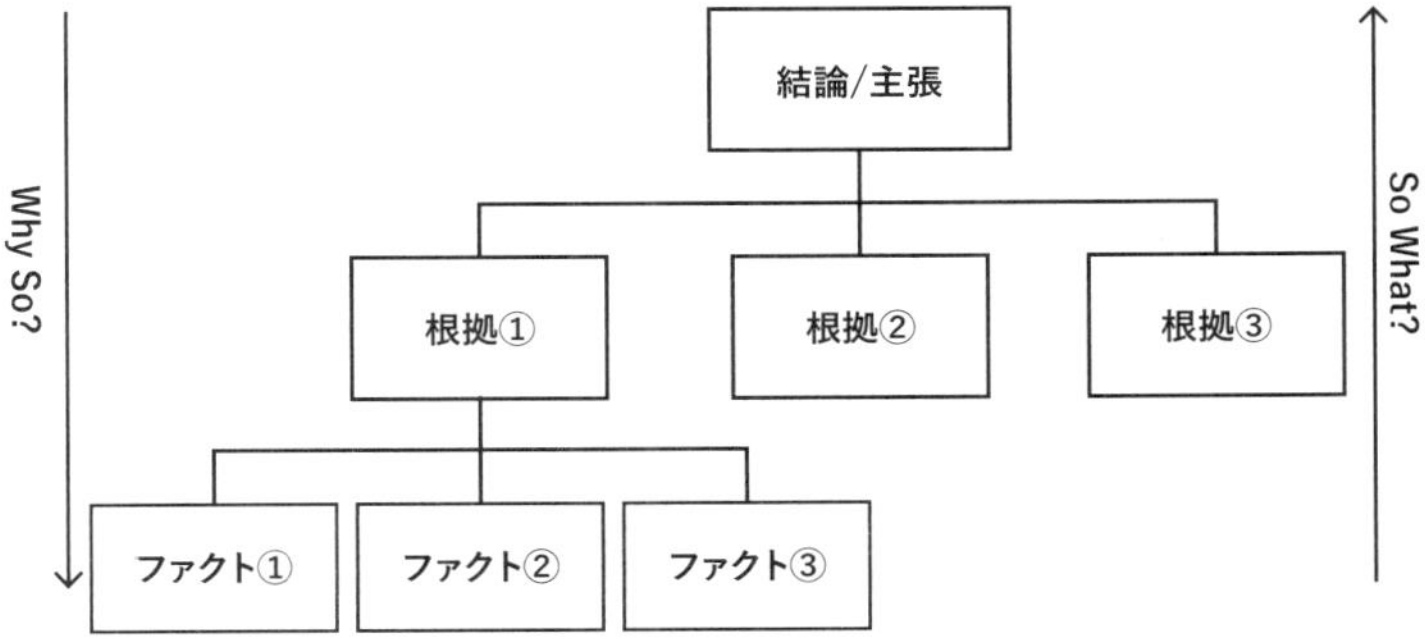

この遊びを面白くするポイントは、できるだけ遠く離れた、異質なものを組み合わせることで、そこに意外な共通点を見出せると「なるほど」感が高まります。

コンサルティングの世界には、「ベンチマーク」という他の業界や企業の先進的な取り組みを参考にする手法があります。その際、「表層的なマネゴト」で終わるのか、「本質的な示唆」を得られるのかは、ひとえにこのアナロジー思考の習熟度にかかっています。

そして、「なぞかけ」と同様、できるだけ遠くの業界や、ビジネス以外の領域での取り組みから、意外性のある示唆を見出せると、クライアントへの付加価値が高まります。

また、このアナロジー思考を、プロジェクトを通じて、様々な業界や企業を対象に繰り返していると、そこに共通する構造や相似パターンが浮かび上がってきます。そうすると、まだ経験したことがない業界や企業を目の前にしても、中の構造が推測できるようになり、その積み重ねの先に、世の中のスケルトンが透けて見えるような感覚になります。

もしかしたらこれは、ロジカルシンキングやアナロジー思考を駆使して、世の中を縦横無尽に思索している、コンサルタントだからこそ見える景色なのかもしれません。

ALL ABOUT THE CONSULTING BUSINESS

4　コンサルティングの現場でも活躍する「フェルミ推定」

ここまで、最も基礎的で汎用的なコンサルスキルであるロジカルシンキングについて、活用する際の留意点とともに紹介してきました。さらに付け加えるならば、ロジカルシンキングをより有効活用するためには、そこに当てはめる「言葉」と「数字」の精度を高める必要があります。

つまり、コンサルスキルは、突き詰めると「国語」と「算数」に行き着くともいえます。

ここでは、「算数」の方に焦点を当てて、「ＭＥＣＥ×ロジックツリー」のピラミッドに「数字」を当てはめた、ロジカルシンキングの実践例でもある「フェルミ推定」について、詳しく紹介していきます。

フェルミ推定といえば、今ではコンサルティングファームの採用試験（ケース面接）の定番として広く知られています。では、なぜ「フェルミ推定」と呼ばれているか、ご存じでしょうか。

名前の由来は、ノーベル賞も受賞した物理学者、エンリコ・フェルミです。彼は宇宙の広さを考えると、宇宙人が存在する確率は極めて高い一方、現実にはこれまで人類と接した痕跡がないことを指摘し、この矛盾は「フェルミのパラドックス」と呼ばれます。

その後、フランク・ドレイクという天体物理学者が、人類とコンタクトしうる地球外文明の数を推計する「ドレイクの方程式」を提示します。この方程式は、7つのパラメータのかけ算で構成され、各々の値をどれだけ小さく見積もったとしても、1よりも大きい（=宇宙人とコンタクトしうる）という結果が出ます。

今から50年以上も前の話ですが、ドレイク博士をはじめ、その結果を信じた人たちは、地球外知的生命体探査プロジェクトを立ち上げ、その取り組みは今もなお続いています。

現在ではフェルミ推定は、ケース面接をパスするための「技術（スキル）」的な側面にフォーカスが当たることが多いようにも見受けられます。しかし、名前の由来を知れば、その本質は、未知なる問いに対峙した際、わずかな手がかりを頼りに前へと進もうとする「意思（マインド）」の方にあるのだとわかるはずです。

フェルミ推定は、別名「バック・オブ・エンベロープ（封筒の裏で行うような計算）」と呼ばれたりもします。実際のコンサルティングワークでは、さすがに封筒を使うことはありませんが、ホワイトボードを使って同様の計算を行うことはよくあります。

先ほど、コンサルティングプロジェクトは、仮説検証のサイクルを高速で回している、と紹介しましたが、その過程で、大まかな仮説を作ったり、サクっと検証したりする際に、フェルミ推定は活躍します。

例えば、新規事業開発系のプロジェクトでは、市場全体を見渡した上で、どこにどんな事業機会がありそうか、ブレストをしながら幅出しをします。その際、それぞれの事業の〝ざっくりとした規模感〟、1億円規模なのか／10億円規模なのか／100億円規模なのかくらいのオーダー感でフェルミ推定を行い、そもそも検討するに値するかを見極めます。

また、既存事業改善系のプロジェクトでは、エクセルで壮大なシミュレーションモデルを組むこともあります。その際も、フェルミ推定で〝できあがりの数字のイメージ感〟を持った上で、ゴールシーク的に分析を行い、仮説検証のサイクルを回します。

このように、フェルミ推定は「机上の計算」ではありますが、当座の仮説をもとに前へ進もうとする「意思」を内包した、実践的な「技術」なのです。

ALL ABOUT THE CONSULTING BUSINESS

5 コンサルタントのプレゼンの極意

「インプット（情報収集）」と「プロセッシング（情報加工）」の精度を高めるスキルを紹介してきたので、続いては「アウトプット（価値提供）」のパートに移ります。

コンサルティングファームのアウトプットは、「資料」とその「説明」で構成されることがほとんどで、それらを合わせたものを「プレゼンテーション（略してプレゼン）」と呼びます。では改めて、プレゼンの目的とは何でしょうか。

本書では繰り返し、コンサルティングとはクライアントを介して世の中に価値を届ける仕事で、クライアントの意思決定や行動につながらなければ成果を出したことにならない、とお伝えしてきました。

その成果に直結する「画竜点睛」ともいえる最終工程がプレゼンであり、価値があると信じる方向へ、クライアントの行動を変えることがプレゼンの目的になります。

では、そのような行動変容を起こすには、事前にどんな準備をして、本番でどのようなプレゼンを行えばいいのでしょうか。大きな流れについて、4つのステップに分けて紹介していきます。

最初に、プレゼンの「①ゴール」を設定します。「獲得目標」と言ったりもしますが、ミーティングが終わったときに、クライアントにどのような状態（湯上がり感）になっていてほしいかを見定めます。

次に、クライアントの「②現状」を把握します。クライアントのキーパーソンは誰か、その人の頭の中の状態、例えばプロジェクトに対する理解度や関心事は今どうなっているのかを、これまでの議論の経緯などから見立てます。

その上で、①と②のギャップを、プレゼンを通じて埋めるための「③ゲームプラン」を組み立てます。具体的に言うと、キーパーソンの頭の中をどのように作り変えにいくのか、そのためにどんな情報をどのような形で伝えて、どのような議論を巻き起こしにいくのかについて作戦を練ります。

最後に、ゲームプランに沿った「④サポート資料」を準備します。よく言われるのは、資料〝を〟説明するのではなく、資料〝で〟説明するということ、つまり、「説明」が主で、

「資料」は従ということです。「話し言葉」と「書き言葉」の違いはありますが、「話したいように書く」というのが基本になります。

コンサルティングファームでは、「スライド」を用いて資料を作成するのが一般的ですが、ここは大事なポイントなので、さらに留意点を3つ紹介しましょう。

1つ目は、「短ければ短いほどいい（Less is More）」ということです。

その究極形は「エレベーターピッチ」で、長々とミーティングをせずとも、1分で意思決定ができるのなら、それに越したことはありません。そのため、資料を作成する際には、ノイズとなる情報を削ぎ落とし、意思決定に必要十分な情報を簡潔に表現します。先ほど、ピラミッドストラクチャーの紹介をしましたが、これは構造化することで情報を結晶化（クリスタライズ）し、伝達効率を高める手法でもあります。

2つ目は、「紙芝居のようなパッケージ」を意識することです。

そもそもスライドは、1枚ずつページが切り替わってしまうので、ストーリーを伝えるのには向いていません。ストーリーをより強調して伝えたい場合は、ワードで資料を作成することもあります。

そのためスライドで表現する際には、全体の構成や前後のつながりを念頭に置きつつ、「1スライド・1メッセージ」の原則を守って、話がスムーズに流れるかを確認しながら作っていくことが重要です。

最後は、「パッと見てスッと頭に入るスライド」を心がけることです。

そのためには、スライドの「構造」が何より大事で、長方形の縦（短辺）・横（長辺）に、どういう「軸」を取るかをまず考えます。その上で、読み手の目の動きを意識して、左上から右下へと自然に流れるよう、情報を配置します。そして、その流れの中で、理解してほしい点や記憶に残したい点にスポットライトが当たるよう、色の使い分けやフォントの大きさなどを工夫します。特に、「キーチャート」と呼ばれる〝勝負〟スライドは、時間をかけて細部にまでこだわって作り込みます。

プレゼン自体は〝なまもの〟で、そこで行動変容を起こせるか否かの一本勝負ですが、そこで使用する報告資料はクライアントの社内に残り、以降は独り歩きを始めます。

それはそのまま、コンサルティングファームの評判につながるので、サポート資料とはいえ、各ファームとも威信をかけて、その名に恥じない「作品」として仕上げにいきます。

ALL ABOUT THE CONSULTING BUSINESS

6

コンサルツールの進化

ここで、コンサルタントが使う「道具」についても紹介しておきたいと思います。

私が過去に在籍した戦略ファーム2社（A・T・カーニーとBCG）では、実は全くと言っていいほど同じ道具を使っていました。「たかが道具、されど道具」ですが、そこには選ばれ続けている理由があります。

まず、物理的な道具について紹介します。Vコーン（ペン）、セクションパッド（ノート）、ThinkPad（パソコン）が、コンサルタントの「3種の神器」と言えるものになります。

Vコーンは、パイロット社の水性ボールペンで、1本100円で買うことができます。軽く、滑らかなペン先で、シンプルな形状なので、書いていることを忘れてしまうほど、思考に没入することができます。黒・青・赤の3色あり、それぞれ目的に応じて使い分けています。

セクションパッドは、コクヨ社のＡ４サイズの方眼入りのノートで、剥がしてすぐ捨てられる点が特徴です。その手軽さから、先ほどのＶコーンとセットで、頭の中にあるものをすべて書き出しながら、１人でブレストをする際に重宝します。また、マス目が入っているので、スライドの下書きをするのにも適しています。

ThinkPadは、レノボ社のノートパソコンで、キーボードの真ん中にある赤いボタン（トラックポイント）が特徴です。コンサルタントは作業効率が命なので、基本的にマウスやタッチパッドは使わず、キーボードから手を離さなくて済む「赤ポチ」を愛用しています。中には、赤ポチの素材や形状を自分好みのものに変更したり、カーソルの反応速度を自分仕様に設定したりしている人もいます。

次に、デジタルツールについて紹介します。コンサルティングのアウトプットは、基本的にMicrosoft Office製品で作成され、ワード（国語）、エクセル（算数）、パワーポイント（表現）が、同じく「3種の神器」の位置づけとなります。

ワードは、インタビューメモを作ったり、提案の骨子やストーリーを考えたりする際に使われます。プリミティブなツールなので、小手先の誤魔化しがきかず、コンサルタントの力量の差が如実に表れます。インタビューメモを見れば、議論内容の理解力、構造整理する論理的思考力、日本語の表現力など、すべて一目瞭然となります。

エクセルは、財務分析を行ったり、シミュレーションモデルを組んだりする際に使われます。コンサルティングファームに入社すると、最初にエクセルの各機能の使い方や、分析シートの組み方などを、みっちり叩き込まれます。今なお分析の主役ではありますが、最近ではより高度な分析をする際には、機械学習モデルが組み込まれだAlteryx（アルテリクス）や、その分析結果を可視化するTableau（タブロー）などのツールも使われています。

パワーポイントは、プレゼン資料を作成する際に使われます。大手ファームでは、新規のスライドを描き起こしたり、報告資料の最終化（お化粧直し）をしたりする専門部隊を抱えているので、手書きのスライドしか作らないというシニアなコンサルタントもいたりします。一方、ジュニアなコンサルタントは基本的に自分で大量のスライドを書くので、グラフを作成しやすくするthink-cellや、カラーパレットや便利機能をカスタマイズするEfficient Elementsなどのアドインツールを埋め込んで、使い勝手を向上させています。

最後に、コミュニケーションツールについても触れておきます。新型コロナの影響で、リモートワークが普及した結果、昔と今とで最も大きく変わったところになります。

かつて、ビジネスにおけるコミュニケーションは、情報量の少ない順から「メール」「電話」「対面ミーティング」の3つを、状況に応じて使い分けていました。現在はそこに、メールと電話の間に「チャット」、電話と対面ミーティングの間に「オンラインミーティング」が加わり、これらの5つを使い分けている状態にあります。そして、新たに加わった2つの主たるサービス提供者が、SlackとZoomという新参者だったことから、さらに複雑な状況を招いています。

コンサルティングにおけるコミュニケーションは、ファームの中だけに閉じず、クライアントとも密に連携する必要があります。しかしながら、クライアントごとに使っているコミュニケーションツールは異なり、コンサルティングファームは基本的に先方の様式に合わせるので、コンサルタントは同時並行で複数のツールを使うことになります。

その結果、現在では、MicrosoftのTeams、GoogleのChatとMeet、Slack、Zoomなどが入り乱れる事態になっています。

ALL ABOUT THE CONSULTING BUSINESS COLUMN

なぜコンサルタントはカタカナ言葉を使うのか

ここまで本書をお読みいただくと気づくかもしれませんが、章題にある通り、かなりの数のカタカナ言葉を使ってきました。なぜコンサルタントは、時には鼻につくほど、カタカナ言葉を多用するのでしょうか。

まず前提として、第１章でも紹介した通り、現在の経営コンサルティングは、米国が発祥であること、つまり、日本には輸入されてきたものであることが挙げられます。そして、米国を中心にグローバルでネットワークを築き、日本もその一拠点として英語ベースの共通の言語体系を用いていることが、カタカナ言葉が使われる一番の理由かと思います。

一方、ＢＣＧが最初に日本オフィスを開設してからすでに半世紀以上が経過し、日本市場にローカライズされた言語体系が完成していても良さそうな気もします。しかし、いまだにカタカナ言葉が主流なのは、なぜでしょうか。

よくあるのは、ジュニアなコンサルタントが、その言葉の持つ意味や指し示す範囲が曖昧なまま、〝バズワード〟的にカタカナ言葉を使っているケースです。クライアントの言語体系とは関係なく、〝金科玉条〟的にカタカナ言葉を使ってしまい、格好つけているかのように思われて、敬遠されるパターンです。新しい経営の〝ビッグワード（ＤＸやＡＩなど）〟が浸透していく過程でも、同じような現象が起こります。

他方、経験豊富なコンサルタントでも、クライアントの前では相手に合わせて慎重に言葉を選ぶにもかかわらず、ファームの中ではカタカナ言葉を連発する場合もあります。これは一体、どういうことなのでしょうか。

いわゆる〝コンサル用語〟は、コンサルティングの仕事に最適化された表現の単位になっていて、日本語に翻訳すると、その意味するところや指し示す範囲が微妙にズレることがあります。

言葉は思考を司る大事な「道具」なので、コンサルタントとしての経験を積めば積むほど、その精度に敏感になっていきます。そのため、ベストフィットする日本語が見当たらず、仕方なくカタカナ言葉をそのまま使っているというケースが往々にしてあります。

また、シニアなコンサルタントの中には、営業目的で確信犯的にビッグワードを使っているケースもあります。

例えば、「業務改革」を指し示す言葉は、時代を経るごとに、BPR（ビジネス・プロセス・リエンジニアリング）、RPA（ロボティック・プロセス・オートメーション）、DX（デジタル・トランスフォーメーション）のように変化してきています。もちろん、テクノロジーの進化に伴い、新たにできることも増えてきてはいるのですが、実は名前が変わっただけで、同じような支援をしていることもあります。

では、なぜ数年おきに、新たな略称（カタカナ言葉）が、次々と生み出されているのでしょうか。実はそこには、目先を変えて真新しいことをやるかのように見せた方が、コンサルティングプロジェクトを売りやすいという、〝大人の事情〟もあったりするのです。

第7章

人材輩出企業から学ぶ コンサルキャリアの世界

Chapter 7 :

The World of Consulting Career

ALL ABOUT THE CONSULTING BUSINESS

1 入口は狭き門

この章では、コンサルタントのキャリアについて、「ゆりかごから墓場まで」なぞっていきたいと思います。私自身、戦略ファームでの在籍経験しかないので、戦略ファームにおけるコンサルキャリアを中心に紹介していきます。

最初は、コンサルティングファームに入社するまでの話をします。他の企業に就職するのと同じように、入口は新卒と中途の2つがあります。

まず、新卒採用について。戦略ファームに応募する学生数は、年間1万人以上にものぼるとされます。一方で、戦略ファームの数は、第2章で紹介した外資系の6社をはじめ、日系を含めても10社もありません。

近年は、ファームの規模拡大に伴い、新卒の採用人数も年々増えていますが、それでも一番多いマッキンゼー・ＢＣＧでも50名程度、その他のファームは10～20名程度なので、業界全体で２００名弱といったところです。倍率にすると50倍以上の狭き門です。

選考プロセスは、「エントリーシート→筆記試験→ケース面接（数回）→インターン」というのが一般的な流れになります。ケース面接では、前章で紹介したフェルミ推定が出題されることが通例で、そのための対策本が出ていたり、対策法を教える塾が開かれていたりするなど、受験戦争さながらの様相です。インターンでは３～５日間をかけて、実際のプロジェクトに近い仕事を行いながら、適性を見られます。その間、１～２万円の日当が出ることもあり、学生にとっては割のいいバイトにもなります。

次に、中途採用について。大きく、未経験（ポテンシャル）採用、ＭＢＡ採用、経験者（ラテラル）採用の３パターンがあります。

１つ目の未経験（ポテンシャル）採用は、事業会社に在籍する20～30代の社会人が主な対象で、新卒と同じように、一番下のランクからスタートすることが一般的です。近年は、コンサルティング業界専門の転職エージェントも増え、ケース面接の過去問題をストックしていたり、候補者に模擬ケース面接をしていたりもするようです。

２つ目のＭＢＡ採用は、海外大学のＭＢＡ取得者が対象で、未経験採用よりも１つ上のランクで入社することが一般的です。ただ、座学の経験はあるものの、コンサルティングの実践経験はないため、入社後の立ち上がりに苦労するケースも多く、近年では採用数が減少傾向にあるように見受けられます。

３つ目の経験者（ラテラル）採用は、他ファームの在籍者を対象とした、コンサルティング業界内での移籍です。戦略ファーム間の移籍の場合、文字通り「ラテラル（水平）」で、前と同じランクで入社することが一般的です。

一方、戦略ファームと総合ファームをまたぐ移籍は、業務の難易度や給与水準などの差から、１ランク上下して入社することが多いです。例えば、総合ファームから戦略ファームに移籍する場合は、１ランクダウンして給料はステイ（またはダウン）、戦略ファームから総合ファームに移籍する場合は、１ランクアップして給料はステイ（またはアップ）となるのがよくあるケースです。

ALL ABOUT THE CONSULTING BUSINESS

2
入社後のプロフェッショナル教育

ここからは、狭き門をくぐり抜けて、晴れてコンサルティングファームに入社した後の話をしていきましょう。

ところで、なぜコンサルティング各社は、自分たちのことを「ファーム（Firm）」と呼ぶのでしょうか。「会社」の呼び方として、「カンパニー（Company）」という英単語もあり、こちらの方が一般的ではあります。

実は、最初に「ファーム」という言葉を使ったのは、第2章で紹介したマッキンゼーのマービン・バウアーです。彼はコンサルティングという職業を、他の士業（弁護士や会計士など）と同列に位置づけ、法律事務所（Law Firm）や会計事務所（Accounting Firm）と同じく、自らを「プロフェッショナルファーム（Professional Firm）」と定義し、社員にもプロフェッショナルであることを求めました。ちなみに、社名はMcKinsey & Companyのままなのですが。

その思想は、時代を越えて受け継がれており、現在も入社して最初に行われるのが、「プロフェッショナル教育」です。これは、コンサルティングファームにおける「イニシエーション（通過儀礼）」とも言えるものになります。

最初に問われるのは、「結果に対する責任」です。ある意味、プロ野球選手と同じで、試合で結果を残せなければ、戦力外通告（クビ）になります。コンサルティングの場合、クライアントの期待を上回る成果を出すことが、常に求められます。

加えて、「プロセスに対する責任」も問われます。プロ野球選手と同じく、シーズンを通して安定的にパフォーマンスを上げることが求められるので、それに資する行動規範（プロフェッショナリズム）を叩き込まれます。また、クライアントから相応のフィーをいただき、機密性の高い情報に触れながら仕事をするので、それにふさわしい職業倫理（プロフェッショナルマインド）も植え付けられます。

また、よく言われるのが「成長は自己責任」ということです。そのため、「他責思考」ではなく、「原因自分論」で常日頃から自己研鑽に励むことが求められます。

このように、プロフェッショナルとして「自分のキャリアは自分で設計すべし」というスタンスなので、研修などは実はそこまで多くはありません。

私がA・T・カーニーに入社した時は、1ヶ月ほど基礎的な座学研修（リサーチ研修、財務研修、エクセル研修、パワーポイント研修など）を受けた後、4月の終わりにはもう、実際のプロジェクトに配属（アサイン）されました。そこで、先輩コンサルタントに付き、丁稚奉公のように見よう見まねで学んでいくというのが、基本的な育成スタイルでした。

BCGにはマネジャーポジションで入社したので、横目で見た記憶にはなりますが、当時「ハッチ（Hatch）」と呼ばれる新人エリアがあり、最初の半年間はそのコミュニティに所属し、そこで定期的に研修などが行われていました。ただ、育成は同じくOJTで、「インストラクター」と呼ばれる教育担当のコンサルタントと同じプロジェクトに入り、そこでコンサルティングの基礎を、手取り足取り教えてもらうというスタイルでした。

ALL ABOUT THE CONSULTING BUSINESS

3 Up or Outの世界

プロフェッショナルとしての「洗礼」を受けた後、コンサルタントはどのような階段を上っていくのでしょうか。ここでは、コンサルティングファームでのキャリアトラックについて紹介していきます。キャリアトラックを紹介する上で、コンサルティングファームの組織構造についても、軽く触れておきましょう。

第2章で「パートナー・レバレッジ」という指標を紹介しました。戦略ファームの場合は、パートナー（共同経営者）1人に対して、それ以下のメンバーが5〜10人というのが一般的な体制となります。

また別の見方をすると、1人のパートナーが2〜3人のマネジャーを管理し、さらに各マネジャーが2〜3人のメンバーを管理するというのが、最も基本的な構造になります。そして、パートナーの人数が増えるのに比例して、ピラミッド全体も大きくなり、その中の階層も増えていく構図にあります。

ただし、階層が増えるのはピラミッドの上層の方で、例えばBCGでは、パートナーの中でも、さらに7階級あるとされます。一方、ピラミッドの下層の方は、どのファームもだいたい同じ階層になっていて、マネジャー層・メンバー層それぞれ2段階に分けて、パートナーまで4階級あることが多いです。

各ランクの呼び方は、ファームによって多少の差はありますが、「①アナリスト→②コンサルタント→③マネジャー→④プリンシパル→⑤パートナー」というのが一般的です。それぞれ順番に紹介していきましょう。

①アナリスト

アナリストは、新卒や中途（未経験）で入社した場合の最初のポジションになります。まだ「見習いコンサルタント」の位置づけで、マネジャーやコンサルタントの下について、指示を受けた「タスク（作業）」を確実にやり遂げることが求められます。

ひと通りの仕事を覚え、1人で担当パートを完遂（＝自走）できるようになると、次のコンサルタントに昇進します。

②コンサルタント

その名の通り、「1人前のコンサルタント」として、プロジェクトの中心的な役割を担います。必要に応じてマネジャーの助けを借りながら、時にはアナリストの面倒も見ながら、プロジェクトの大事なモジュールを受け持ち、自らの責任においてクライアントに「バリュー（付加価値）」を提供することが求められます。

複数のメンバーをマネージしながら、クライアントに安定的に価値を届けられるようになると、次のマネジャーに昇進します。

③マネジャー

ここからは管理職になり、事業会社でいうと「課長」のようなポジションになります。プロジェクトにおいては、オーケストラの指揮者のように、全体を見渡せる場所から、パートナーやメンバーを動かして、クライアントへの提供価値をコーディネートします。

同時に、メンバー育成にも責任を持ち、メンターやキャリアアドバイザーとしての役割も加わります。また、この時期から特定の業界やテーマに関する専門性を磨くことも求められ、「プラクティス」と呼ばれる専門グループにも所属するようになります。

既存クライアントからの〝ご指名〟でフォロー契約を獲得したり、新規クライアントへの提案活動に貢献できるようになったりすると、次のプリンシパルに昇進します。

④プリンシパル

事業会社でいうと「部長」のようなポジションになり、所属する部門（プラクティス）の成長に向けた貢献が求められ、ファームによっては個人の売上目標を課せられるところもあります。複数のプロジェクトのマネジャーロールを担いつつ、同時に営業活動でも成果を出すことが求められる、もしかしたら一番タフな時期かもしれません。

営業では、複数のクライアントと継続的な関係を築いて、一定の売上目標をクリアし、社内でも３６０度評価の結果などでファームの経営者としての資質が認められると、次のパートナー候補にノミネートされます。

⑤パートナー

事業会社でいうと「執行役員」のようなポジションになり、グローバルでの承認を経て就任します。クライアントの伴走者（パートナー）として経営者の悩みに寄り添う役割と、コンサルティングファームの共同経営者（パートナー）として経営そのものを担う役割の、二足の草鞋を履くことになります。後者の役割については、マネージング・ディレクターます。

（ＭＤ）と呼ぶファームもあり、例えばＢＣＧでは、2つの役割を合わせた「マネージング・ディレクター＆パートナー（ＭＤＰ）」という役職名になっています。

そこから先には、「シニア」という冠がついたり（「上級執行役員」のようなイメージ）、プラクティス全体を統括する役割が付加されたり（「常務」や「専務」のようなイメージ）、グローバルのボードメンバーになったり（「取締役」のイメージ）、という階段が続いていま

これらの階段を上る際には、それぞれ制限時間があり、3～5年の間に次のランクへと進めなければ、「昇進ウィンドウ」が閉じる（＝退職勧告をされる）ことになります。

これが、いわゆる「Up or Out」の仕組みであり、ファームに在籍している間は、常にこの「昇進時計（プロモーションクロック）」が回っている状態にあります。

逆に早い人だと、3年おきにトントン拍子で昇進していくので、新卒で入社すると、20代でマネジャー、30代でパートナーというのもよくある環境です。そのため、コンサルティングファームは、「ドッグイヤー（犬の1年間は人間の7年分に相当）」や「精神と時の部屋（『ドラゴンボール』に登場する1日で1年分の修行ができる部屋）」などと言われることもあります。

ALL ABOUT THE CONSULTING BUSINESS

4

複線化するキャリアパス

前段で、コンサルティングファームの本流ともいえる「1本線のキャリアパス」について紹介してきました。その過程では、様々なプロジェクトを経験し、幅広い知見を携える「ジェネラリスト」としての側面と、徐々に注力領域を絞り込み、専門的な知見を深める「スペシャリスト」としての側面を兼ね備えて、「T型」人材へと育っていきます。

一方でコンサルタントの中には、早くから専門領域を定めて、特定の業界やテーマを究める、「I型」キャリアを志向する人もいます。こうした人に向けては、「エキスパートキャリアトラック（ECT）」という「Up or Out」が適用されないパスも用意されています。その目指す先は、クライアントに寄り添う「パートナー」ではなく、専門領域を統括する「ディレクター」と呼ばれるポジションとなることが多いです。

このキャリアパスには、別の役割もあります。ファームの規模を拡大しようとする際、厳格に「Up or Out」を適用し、次々にアウトにしてしまうと、成長スピードにブレーキがかかってしまいます。そのため、「ECT」は人材確保のための「受け皿（迂回ルート）」としても機能しています。

最近では、デジタル領域のエキスパートなど、入社時点から「I型」の人材も積極的に採用しており、〝トラディショナル〟コンサルタントとエキスパートの混成チームで支援するプロジェクトも増えてきています。

また、コンサルティングファームは、「人」が唯一とも言える商品であり資産なので、優秀なタレントに長く活躍してもらうために、様々な支援制度を用意しています。ライフステージに合わせた産休・育休制度をはじめ、通常のコンサルティング以外の経験を積む機会も、各社それぞれ充実させています。

よく使われるのは、語学留学や海外MBA取得の支援制度で、ファームに在籍しながら、昇進時計を一旦止めて、スキルアップを図ることが可能です。あるいは、グローバル連携が密なファームでは、海外オフィスへのトランスファー制度も頻繁に活用されています。

また、クライアント企業への「出向」を、積極的に後押ししているファームもあります。新卒あがりのコンサルタントは、「事業経験がない」というコンプレックスを抱えがちなので、その解消にも一役買っています。「出向」なので、給料はファームの持ち出しにはなりますが、クライアントの内部情報を知ることができ、そこから新しいプロジェクトにつながることもあるので、結果的にビジネス観点でも〝ペイ〟していると考えられます。
最近は一部のファームでは（弊社もその１つですが）、「50％社員」を認めているところもあります。当然ながら、他のファームとの兼業や、クライアントとコンフリクトのある業務に携わるのはご法度ですが、残り50％の時間を使い、大学で研究活動をしたり、家業を手伝ったり、自身の事業を立ち上げたりすることを、場合によっては奨励しています。そこで経験したことが、本業のコンサルティング業務に活かせることが、往々にしてあるからです。

コンサルティングファームの本流は、実は「１本線」の「モノカルチャー」な世界だったりもするのですが、足元ではこのように、多様な人材や働き方も包摂されるようになってきています。「複線」化するキャリアパスに、新たな「血」が合流し、ＢＣＧが掲げるような「多様性からの連帯」を、本当の意味で実現しうる土壌が整いつつあります。

ALL ABOUT THE CONSULTING BUSINESS

5 コンサルタントのお財布事情

ここで、コンサルティングファームの給与水準についても紹介しておきましょう。戦略ファームにおける一般的な水準を、オブラートに包みながらお伝えできればと思います。

まずは、①アナリストから。多くは、少し前までは学生だった新卒ですが、この時点ですでに日本の平均年収を超える額を手にします。

次の、②コンサルタントになると、4桁万円の大台を優に超えてきて、普通に生活していれば、勝手に貯金がたまっていくようになります。

そして、③マネジャーになると、確定申告をするようになり、ここまでくると同じ条件で転職できる先が見当たらなくなってきます。

さらに、④プリンシパルになると、プロ野球選手の平均年棒と近い水準になり、経済的な条件だけを考えると、いよいよ出口がなくなってきます。

最後の、⑤パートナーになると、業績連動の割合が大きくなりますが、１億円の大台を超えることもざらにあり、世の中的には〝あがり〟ポジションになります。

加えて、これはあまり褒められた話ではないですが、コンサルティング業界全体の傾向として、経費に関してはルーズなところがあります。

プライベートとの線引きは、それぞれのプロフェッショナルとしての倫理観に委ねられていますが、人によっては、額面以上の〝可処分所得〟となっている場合もあります。

これを、夢のある話と受け取るかどうかは、当人の価値観次第ですが、プロ野球選手と同じで、現役時代に生活水準を上げすぎてしまうと、セカンドキャリアで苦労することになります。

コンサルティングという仕事にやりがいを感じ、好きで続けている状態は、幸せに思えますが、何かに縛られて、仕方なくファームにしがみついている状態は、本人にとってもクライアントにとっても健全ではありません。そして残念ながら、後者の人が増えてきているのが、コンサルティング業界の実態でもあります。

さて、ここで紹介したコンサルタントの給与は、コンサルティングファームにとっての人件費（原価）に相当します。そして、第2章で紹介したコンサルタントの設定単価（チャージレート）と比較し、簡単なフェルミ推定をしてみれば、戦略ファームの粗利率がいかに高いかを、はじき出せるかと思います。

コンサルティングファームに発注する際は、支払うフィーが一体何に使われているのか、確認してみてはどうでしょうか。

ALL ABOUT THE CONSULTING BUSINESS

6 多方面で活躍する卒業生

ここまで見てきたように、どのファームも競い合って、多様なキャリアや柔軟な働き方、魅力的な報酬を用意してはいるものの、大半の人は遅かれ早かれ、どこかで退社（卒業）をします。実際のところ、定年まで勤めあげるのは、入社したうちの１％にも満たないのではないかと思います。

つまり、コンサルティングファームは、構成員が続々と入れ替わる「かりそめの場」であり、社会に人材を次々と輩出する「プラットフォーム」とも言えます。

それを象徴するものとして、「マッキンゼーマフィア」という言葉があります。最大の戦略ファームとして、１００年近くにわたり業界トップに君臨してきたマッキンゼーは、卒業生（アルムナイ）の数もまた業界最多です。加えて、その卒業生のネットワークが、社会の各方面に影響力を及ぼしていることから、俗に「マフィア」と呼ばれています。

ちなみに、マッキンゼー出身の知人からも、マッキンゼーは「アルムナイファースト」の会社で、ファームはそのために存在し、採用の時点から将来的に社会で活躍しそうかという目線で見ている、という話を聞いたことがあります。

マッキンゼーに限らず、戦略ファームはいずれも、厳選採用をしているので、社内には個性的なタレントがあふれ、卒業後の進路もバラエティ豊かです。例えば、私のA・T・カーニーの同期には、『バチェラー・ジャパン』に出演し、本当に〝タレント〟になった人もいますし、BCGの同期には、小説家になった後に、都知事選に出馬した人もいます。

彼らは際立って特殊な例ですが、卒業後のよくある進路をいくつか紹介します。

最もオーソドックスなのは、事業会社への転職です。

コンサルティングを通じて様々な業界を経験する中で、より当事者として携わりたくなったという場合もあれば、ライフステージが変わる中で、よりサステナブルな働き方をしたくなったという場合もあります。よくあるポジションは、日本の大企業の経営企画、外資系企業の日本法人の事業開発、老舗オーナー企業の経営参謀、メガベンチャーの経営幹部などです。これらはいずれも、経済条件を大きく下げずに転職できる先になります。

また、転職後にコンサルティングファームのクライアント側に回ることもあります。

最近増えているのは、スタートアップへの転職です。会社の草創期から参画し、幹部ポジションとして事業の成長をリードしながら、最終的に新規株式上場（ＩＰＯ）を目指すというのが、よくあるパターンです。ベースの給与が下がるのと引き換えに、生株やストックオプションをもらって、上場（または売却）時のキャピタルゲインを期待する、「ハイリスク・ハイリターン」な転職です。

よりハイリスクな選択肢として、自ら起業する人もいます。背水の陣を敷き、１００％事業に専念する場合もあれば、フリーコンサルタントや50％社員としてキャッシュを回しながら、並行して事業を育てていく場合もあります。「コンサルティングと起業は全く別物で、コンサルタント出身の起業家は成功しない」と言われたりもしますが、そもそも起業は「多産多死モデル」である中で、コンサルタント出身者の成功確率は、世の中の平均と比べて圧倒的に高いように思います。

また、人気の転職先として、投資ファンドがあります。前段でベインキャピタルやカーライルについて触れましたが、その日本チームは数十名程度の少数精鋭部隊で、投資銀行か戦略ファームの出身者しか採用しないという、さらに狭き門となっています。その分、よりハードな環境になりますが、戦略ファーム出身者にとっては、経済条件がアップするほぼ唯一の転職先かもしれません。

会社を「安く買って高く売る」ビジネスモデルゆえ、かつて「ハゲタカ」と揶揄された時期もありましたが、ファンドビジネスが成熟するに従い、利益の源泉が「金融スキーム」から「バリューアップ（経営改善）」へとシフトし、コンサルタント出身者が活躍する場面も増えてきています。近しいところでは、ファンドの投資先に飛び込み、「ハンズオン」で企業変革を主導する道を選ぶコンサルタントもいます。

しかしながら、結局のところ、他のコンサルティングファームへの移籍が、数としては一番多いかと思います。理由は人それぞれですが、コンサルティング業界の裾野が広がり、選択肢が増える中で、より自らの価値観とマッチし、個々人の〝想い〟の実現につながるプラットフォームを選べるようになったことも、追い風になっていると考えられます。

最後に付け加えると、コンサルティングファームはどこも、基本的には「出戻りＯＫ」（むしろ大歓迎）です。そのため、どの道に進むにせよ、考え方によっては、ノーリスクでチャレンジができるという、とても恵まれた環境にあると言えます。

ALL ABOUT THE CONSULTING BUSINESS COLUMN

元プロ野球選手もコンサルタントに

最後に、異色のコンサルキャリアを紹介したいと思います。登場いただくのは、読売巨人軍の元選手で、アクセンチュアの元コンサルタントでもある、柴田章吾さんです。

柴田さんは、小学2年生で野球を始め、6年生の時には4番投手として全国制覇を果たします。しかし、中学2年生の時に国指定の難病、「ベーチェット病」を発症します。一時は野球はおろか、命の危険すらありましたが、難病と闘いながら愛工大名電高校に進学し、3年生の夏には、投手として甲子園出場を果たします。卒業後は明治大学に進学し、東京六大学野球の舞台を経て、２０１１年に読売巨人軍から育成ドラフト3位指名を受け、プロ野球の世界に入ります。

その後、読売巨人軍の選手として3年、ジャイアンツアカデミーのコーチとして1年を過ごし、心機一転、今度はビジネスの世界に活躍の場を求めます。

「将来的にはメジャーリーグの経営に携わりたい」「次はユニフォームではなくスーツを着て野球界に貢献したい」との想いから、そこに向かう近道として、

「3年でバリバリ鍛えられる」と聞いた外資系コンサルティングファームを選び、2016年からアクセンチュアで新たなキャリアをスタートします。

アクセンチュアでは、製造・流通本部のコンサルタントとして、業務変革などのプロジェクトに従事します。並行して、キャリアアップのために、週末などの休みを活用して、フィリピンにホームステイに行き、英語の習得に励みます。

そこで、「自分が提供できるものは野球しかないから」と、「子供に野球を教える代わりに英語を教えてもらう」という活動をしていたら、自然と子供が集まり、予定の3年が過ぎる頃には、生徒が100人にもなっていました。ここでの経験が起業の原点にもなります。

2019年10月に、3年半を過ごしたアクセンチュアを卒業して、「笑顔は、国境を超える」という想いを込めた、No border株式会社を設立します。直後にはフィリピンで、日本文化を取り入れた野球アカデミーを立ち上げます。

ところが、年が明けてすぐ、新型コロナウイルスの猛威が世界中を襲います。そして、2020年3月に、ロックダウンが発令され、現地での活動ができなくなり、無念の帰国を余儀なくされます。

　そこから2年は、アクセンチュアでの経験を活かし、「個人コンサルに全振り」したといいます。一時は6社もの案件を同時に引き受け、１年おきに気絶しては救急車で運ばれ、２度にわたる入院を経験した結果、１人ですべて抱えることの限界を感じます。

　そこで働き方を改め、組織作りに注力し、希少なスポーツ案件を取り扱うコンサルティング案件マッチングサービス（NB.PRO CONSUL）を立ち上げます。

　一方、その間も「日本の野球の素晴らしさをアジアの人たちに知ってほしい」という想いは、心の奥底で燻っていました。ある時、その想いを『ドラゴン桜』の著者、三田紀房先生に打ち明けると、「ドラゴン桜でいう〝東大〟は野球でいうならば〝甲子園〟。子供たちみんなが目指す大会を最初に作るべきではないか」「〝甲子園〟という日本の伝統的な野球文化をアジアに輸出してはどうか」というアドバイスをもらいます。

　しかしながら、「言うは易く行うは難し」で、その実現には多くの人の協力が必要でした。そこで、２０２２年に、一般社団法人ＮＢ・ＡＣＡＤＥＭＹ（海外野球振興協会）を設立し、〝夢〟に賛同し、伴走してくれるパートナーを募って（弊社も手を挙げた１社です）、「アジア甲子園」プロジェクトが走り出します。

そして2024年、記念すべき「第1回アジア甲子園大会 in インドネシア」が晴れて開催されました。しかし、これはまだ壮大な〝夢〟の第一歩でしかなく、「〝甲子園〟という聖地をアジアで再現」し、その先に「日本の野球界やプロ野球市場の拡大に寄与すること」を目指して、今まさに邁進している途上です。

最後に、プロ野球選手とコンサルタントの両方を経験したことが、「アジア甲子園」をはじめ、今の仕事にどのように活かされているのか、柴田さんが挙げてくれた2点を紹介したいと思います。

1つ目は、「それぞれの立場の人の気持ちがわかること」です。選手やコーチとして「中」の立場も、コンサルタントとして「外」の立場も経験してきたので、すべて「自分ごと」として考えることができ、いま自分はどの立場に寄り添ってプロジェクトを進めればいいのかがわかるといいます。

2つ目は、「一流の共通点を取り込めること」です。プロ野球のトップ選手と、アクセンチュアのトップコンサルタントは、驚くほどその振る舞いが似ていたそうです。どちらも、「常に進化」を求め、「いつも紳士で公平」という点は共通で、そこから「一流のプロフェッショナル」としての心構えを学んだといいます。

第8章

史実から学ぶ
コンサルの闇の世界

Chapter 8：
The World of Darkness

ALL ABOUT THE CONSULTING BUSINESS

1 エンロン事件とマッキンゼー

ここで今一度、コンサルティング業界の「負の歴史」についても、しっかりとスポットライトを当てておきたいと思います。

先にお伝えをしておくと、私はこの仕事に誇りと希望を持っています。だからこそ、「明るい未来」を見据えるためにも、「暗い過去」からも目を背けてはいけないと思っています。

コンサルティングの負の歴史として、真っ先に名前が挙がるのが、第1章で紹介した「エンロン事件」です。この事件について、先ほどとは別の角度から捉え直してみます。

第1章では、アーサー・アンダーセンを〝ヒール〟役に、事件を紹介しました。しかし、史実としてアーサー・アンダーセンは、信用失墜によって廃業に追い込まれはしましたが、法的な罪に問われたわけではありません。正確にいうと、捜査の過程でエンロン社の監査資料を破棄し、証拠隠滅を図ったという容疑で有罪判決が下りますが、その後の控訴審の結果、逆転無罪となっています。

では、有罪になったのは誰かというと、エンロン社の内部でコンサルティングファームのアドバイスに基づいて意思決定を行った人たちです。

なかでも最も重い判決を受けたのは、当時ＣＥＯだったジェフリー・スキリングです。彼は共謀や詐欺、インサイダー取引など、19もの罪に問われ、懲役24年と罰金４５００万ドルの刑に処せられました。

実は、彼はもともとマッキンゼーのコンサルタントで、最年少でパートナーにまで昇進しています。エンロン社は、彼のマッキンゼー時代の主要クライアントでしたが、創業者のケネス・レイに引き抜かれる形で転職し、事件の当事者となります。

その後も、マッキンゼーとエンロン社の蜜月関係は続き、一時期は年間１０００万ドル以上の報酬を得ていたとされます。しかしながら、マッキンゼーはエンロン社の経営に深く関与していたとはいえ、あくまでアドバイスを提供していただけなので、アーサー・アンダーセンと同様、法的な罪に問われることはありませんでした。

加えて、マッキンゼーは独立系のファームのため、会計監査も担当していたアーサー・アンダーセンとは異なり、エンロン社の不正会計による「風評被害」を受けることもありませんでした。

それどころか、エンロン事件は、マッキンゼーにとってむしろ「追い風」となります。エンロン事件を受け、SOX法が制定され、大手会計事務所がコンサルティング市場から二度目の退場を余儀なくされたという話は、前で紹介した通りです。その結果、世界恐慌の時と同じく、二度目の〝漁夫の利〟をマッキンゼーは手中に収めることになります。

マッキンゼーにとって、エンロン社へのコンサルティングは、最終的に会社が倒産したという意味では明らかな「失敗」です。

しかしながら、倒産するまでの間、多額のコンサルティング報酬を得て、倒産した後は、競合ファームが市場から消えたという意味では、ビジネスとしては「大成功」だったとも言えます。

プロフェッショナルサービスとしての「失敗」が、巡り巡ってコンサルティングビジネスとしての「成功」を導くというのは、何とも皮肉な因果です。

ALL ABOUT THE CONSULTING BUSINESS

2

機密情報を悪用したインサイダー取引

エンロン事件後のマッキンゼーについて、話を続けましょう。

エンロン事件では難を逃れるどころか、「神風」が吹く結果となりましたが、そこから数年が経過した２００９年、マッキンゼーから今度は、逮捕者が出ることとなります。

逮捕されたのは、当時マッキンゼーの現役パートナーだった、アニル・クマールです。容疑は、クライアントの機密情報を売り、インサイダー取引に加担したというものです。

情報を横流しした相手は、ビジネススクールの同級生で、ヘッジファンド（ガレオン・グループ）の創設者、ラジ・ラジャラトナムです。彼は、クマールから受け取った情報を利用して、２０００万ドルもの利益を手にしたほか、多数のインサイダー取引に関与した罪で、懲役11年と罰金１億5000万ドル超の刑に処せられます。

そして、ラジャラトナムには他にも情報提供者がいました。それは、１９９４年から

2003年まで、10年近くにわたってマッキンゼーのグローバルCEOを務めた、ラジャット・グプタです。

グプタは、マッキンゼーを卒業した後、P&Gやゴールドマン・サックスなどで取締役を務めていましたが、そこで知り得た機密情報を、同じくラジャラトナムに横流ししていました。そして2012年、グプタにも有罪判決が下り、懲役2年と罰金500万ドルの支払いを命じられます。

つまり、「プロフェッショナルファーム」の始祖であり、「プロフェッショナル」を最も多く育成・輩出してきたはずのマッキンゼーから、現役パートナーと元グローバルトップが相次いで逮捕されるという、異常な事態が起こってしまったわけです。

この事件に危機感を覚えたマッキンゼーは、ファームの改革に乗り出し、個人の投資に関して厳格な「ルール」を設けます。そして、これらを苦い教訓として、「過去の黒歴史」にできれば良かったのですが、残念ながら話はここでは終わりません。

2021年、当時マッキンゼーの現役パートナーだったプニート・ディクシトが、またしてもインサイダー取引の容疑で逮捕されます。マッキンゼーはこの時、ゴールドマン・サックスをクライアントとして、同社のグリーンスカイ社買収に関するコンサルティングサービスを提供していました。このプロジェクトにリードしていたディクシトは、そこで知り得た公開前の買収情報に基づき、約45万ドルの利益を不正に得たとして、懲役2年の有罪判決を受けます。

この45万ドルという金額は、これまでの事件とは桁が大きく異なり、おそらくマッキンゼーのパートナーであれば、その年収に大きく届かない水準だと思います。十分な給与をもらっているはずのエリートコンサルタントが、わずかにそれを積み増そうとした結果、華々しい人生を棒に振ってしまったという切ない事件です。

ALL ABOUT THE CONSULTING BUSINESS

3

社会問題に加担した「オピオイド危機」

ここまで紹介してきたのは、「お金」に関わる犯罪であり、プロフェッショナリズムを著しく欠いた、一部の強欲な「個人」の問題として片づけられなくもない話です。

しかし、次に紹介するのは「人の命」に関わる犯罪であり、マッキンゼーが「組織」的に深く関わっていた話になります。

それは、米国で現在、深刻な社会問題となっている「オピオイド危機」です。

オピオイドとは、日本語で「医療用麻薬」や「麻薬性鎮痛薬」などと呼ばれるもので、「モルヒネ」もその一種です。オピオイドには鎮痛効果があるので、医療行為の中で痛みを緩和するために使われます。

他方、摂取すると一時的に幸福感を得られたり、吐き気や呼吸抑制などの副作用を引き起こしたりもするため、慎重な取り扱いが必要な薬剤でもあります。医師が用法・用量を正しく守って処方する分には問題ないのですが、過剰に処方し、継続的に摂取してしまうと、依存性が生まれてしまうのが問題点です。

この問題を助長したのが、パーデュー・ファーマ社が開発したオピオイド系の鎮痛剤、「オキシコンチン」です。この薬剤は、終末期の「強い痛み」を緩和するために、やむなく使われているものと同様の成分になります。

パーデュー社はその依存性のリスクを偽り、「幅広い痛み」に処方されるように仕向けます。そして、拡販のための大々的なマーケティング活動や、大量のリベートを投下した販促活動を展開します。

その結果、オキシコンチンは、「ゲートウェイドラッグ」として、薬物依存症の入口となり、「ヘロイン」などのオピオイド系の違法薬物にまで手を染める人が続出します。

その後遺症は、現在もまだ続いており、米国全土でこれまでに50万人以上が亡くなったとも言われています。より詳しく知りたい方は、映像化もされているので、『ＤＯＰＥＳＩＣＫ』や『ペイン・キラー』をご覧になることをおすすめします。

そして、このパーデュー社の「販売加速戦略」を裏で支援していたのが、何を隠そうマッキンゼーになります。

その戦略には、「オキシコンチンを多く処方する医師を特定して、パーデュー社の営業部隊がそこに働きかける計画」などが含まれており、マッキンゼーはこれらの取り組みを、2012年から2018年にかけて支援していたことも明らかになっています。

しかもマッキンゼーは、オキシコンチンのリスクを事前に認識していたとされ、そのことを示す証拠文書を隠滅した容疑もかけられています。そして、危険性を認識した上で、「故意的かつ意図的に」不適切な販促活動に加担したとして、各方面から相次いで訴訟を起こされています。

エンロン事件では無傷だったマッキンゼーですが、さすがに今回は、そうは問屋が卸しません。これまでに約10億ドルの和解金を支払い、さらに2024年末の裁判では追加で6億5000万ドルを支払うことに合意します。その合計額は、マッキンゼーの年間売上(約160億ドル)の1割に相当し、身から出た錆とはいえ、身を滅ぼしかねない代償を支払う事態にまで発展しています。

昨今は、「社会課題」の解決に向けた取り組みが求められ、取引先の選定に関しても、「社会的責任」が問われるようになってきています。そんな最中に、深刻な「社会問題」に加担していたという事実は、マッキンゼーの今後のビジネスにおいて、逆風となることは不可避です。

エンロン事件では、2001年にエンロン社が経営破綻したのに続き、翌2002年に、かつて世界最大の会計事務所だったアーサー・アンダーセンが廃業に追い込まれました。今回は、2019年にパーデュー社が同じく経営破綻しましたが、今度はマッキンゼーが、アーサー・アンダーセンと同じ道をたどる可能性も、あながち否定はできません。

長らくコンサルティング業界を牽引し、まもなく創業100年を迎えようとしているマッキンゼーが、無事にその日を迎えることができるのか、今まさにその瀬戸際にあるとも言えます。

ALL ABOUT THE CONSULTING BUSINESS

4

「両手取引」による利益相反

マッキンゼーの闇の話は、まだここでは終わりません。

オピオイド裁判の調査の過程で、マッキンゼーがパーデュー社の支援と同時に、ＦＤＡ（米国食品医薬品局）の支援も行っていたことが判明します。

ＦＤＡは、日本の厚生労働省にあたる政府機関で、米国の消費者の健康を守るために、食品や医薬品の安全性や有効性を監督する役割を担っています。パーデュー社の「オキシコンチン」に関しても、米国で商品として販売するためには、所定の審査プロセスや基準をクリアして、ＦＤＡの承認を得る必要があります。

つまり、パーデュー社とＦＤＡのコンサルティングを同時に行っていたというのは、「規制される側」と「規制する側」の両方に助言をしていたことになります。これはかつて、アーサー・アンダーセンをはじめとする大手会計事務所が、「監査する側」の立場にありながら、同時に「監査される側」のコンサルティングも行っていたのと同じ構図です。

大手会計事務所に対しては、SOX法の成立により、監査部門とコンサルティング部門の厳格な切り離しが義務づけられました。しかし、それ以外のコンサルティングファームに対しては、「利益相反」を防ぐための明確な法規制はなく、いまだ「グレーゾーン」のまま残っています。

当然ながら、各ファームとも、コンフリクトのあるクライアントを同時に支援する場合には、「ファイアーウォール」と呼ばれる「機密情報の遮断壁」を設置すると謳っています。しかし、実際に「物理的な壁」を設置できるはずもなく、その運用は各コンサルタントの倫理観（プロフェッショナリズム）に委ねられています。

では、マッキンゼーの場合はどうだったのでしょうか。ニューヨーク・タイムズの記事によると、「FDAは2011年、オピオイドのような高リスク製品に関する製薬会社の安全性監視プランを監督する部署へのアドバイザーとして、マッキンゼーを起用した」とあり、その上で、「2010年以降、少なくとも22人のコンサルタントが、パーデューとFDAの両方を担当し、なかには双方の案件を同時に掛け持ちしていた者もいた」とされています。

これはすなわち、「両手取引」の中で「マッチポンプ」的な仕事、例えば「FDAの承認基準を操作しながら、パーデュー社に対してオキシコンチンがその基準をクリアするよう助言していた」と疑われても仕方のない状況です。

さて、ここまではグローバル（かつマッキンゼー）の話を中心に紹介してきましたが、ここからは日本の「負の歴史」に目を移していきます。

日本でも、プロフェッショナリズムの欠如から、「利益相反」が行われていた実態が、明るみになった事件があります。次に〝ヒール〟役になってもらうのは、BIG4の中でも最大の総合ファーム、デロイト トーマツ コンサルティング（DTC）です。

事件の発端は、2022年2月の週刊ダイヤモンドの記事です。「セブンDX敗戦」と題する特集の中で、セブン＆アイ・ホールディングス内の中間報告資料の一部が掲載され、その中に、対外的に公表されていないはずの「イオンのDX推進体制」の情報が、堂々と紛れ込んでいました。

そして、同じ記事の中で、「中間報告はコンサル大手のデロイト トーマツ コンサルティングがまとめたものだ」とも記載されていました。

DTCはこれを受けて、同年6月に次のようなプレスリリースを出します。

「事実関係について弊社から独立してデロイト トーマツ グループに調査委員会が設置され、第三者の弁護士の検証も踏まえて調査をした結果、当該資料は弊社を起点として漏洩し、当該週刊誌に掲載された事実が確認されました」

この事件には、大きく３つの問題があります。

１つ目は、競合関係にある同業種クライアント（イオンとセブン＆アイ）を、同時に、同テーマ（ＤＸ戦略）で支援していたことです。このこと自体は、法的には必ずしもＮＧではありませんが、プロフェッショナルファームの企業姿勢としてはＮＧです。

２つ目は、「利益相反」の関係にある両クライアントの機密情報が、ファームの内部で筒抜けになっていたことです。監査部門とコンサルティング部門との間には、厳格な「ファイアーウォール」を敷く総合ファームにおいて、コンサルティング部門の内部の「ファイアーウォール」は有名無実化していることが、今回の事件で露呈しました。

３つ目は、さらにその情報が、ファーム外にも筒抜けになっていたことです。これは、ファーム内の情報管理体制の問題でもありますが、多分にコンサルタント個人のモラルの問題です。

ALL ABOUT THE CONSULTING BUSINESS

5

度重なるシステムトラブル

デロイト トーマツ コンサルティング（ＤＴＣ）の話を続けます。

先ほどのコンプライアンス違反の謝罪から2年と経たないうちに、今度はまた別の形でＤＴＣが「悪目立ち」することになります。

２０２４年４月、江崎グリコで大規模なシステム障害が発生し、チルド商品の出荷が停止します。その影響は、主力商品の「プッチンプリン」など17ブランドに及び、それらの商品が店頭から姿を消しました。翌5月、今度はユニ・チャームでも同じくシステム障害が発生し、主力商品の「ムーニー」などの納品遅れが発生しました。

この立て続けに発生したシステム障害は、いずれも基幹システムの刷新に伴うもので、両方のプロジェクトを主幹ベンダーとして支援していたのが、ＤＴＣであるとの報道がなされます。

特に、江崎グリコの損害は甚大で、完全復旧までに半年以上を要し、業績への影響額は、売上▲３００億円、営業利益▲80億円にものぼり、増収増益の予定から一転、減収減益の着地となりました。その影響額の大きさから、江崎グリコがＤＴＣに対して、損害賠償を求めて法的手段に出る可能性も報じられています。

同様の事案をすでに何度も経験しているのが、世界最大のコンサルティングファーム、アクセンチュアです。

古いものでは、読売新聞の基幹システムの刷新案件があります。２００６年に開始し、約48億円の開発費を投じたプロジェクトは、２０１０年に頓挫し、訴訟へと突入します。その後、２０１５年に和解が成立し、アクセンチュアが約4億９０００万円を支払う形で決着がなされています。

また、医療機器大手のテルモの物流管理システムの刷新案件でも、訴訟に発展します。２０１０年に開始したプロジェクトは、２０１３年に頓挫し、テルモが約39億円もの損害賠償を求めて、アクセンチュアを提訴しています。

直近では、２０２３年に日本通運が基幹システムの開発を巡り、約１２５億円もの損害賠償を求めて、同じくアクセンチュアを提訴しています。

これらは、いずれも「コンサルティング」の失敗というよりは、「システム開発」の失敗という側面が強く、私の専門外の領域なので、これ以上の深入りは避けます。

ただ、1つだけ付け加えるとするならば、いずれの案件も、第5章で紹介した「炎上」プロジェクトのうちの、〝安請け合い〟したパターンにあたると考えられます。そして、DTCもアクセンチュアも、業界内では「売上プレッシャー」が強いファームとして知られているので、クライアントとの長期的な信頼関係を犠牲にして、短期的な売上に走った可能性が示唆されます。

ALL ABOUT THE CONSULTING BUSINESS

6 人材の引き抜き合戦

過度な「売上プレッシャー」は、クライアントとの長期的な信頼関係のみならず、別のところにも歪みを生み出します。

「人工（フィー）モデル」でコンサルティングビジネスを拡大していく場合、「人」の頭数以上に売上は伸びていかないので、「営業活動」との両輪で、「採用活動」にも力を入れていく必要があります。つまり、「営業プレッシャー」と「採用プレッシャー」は、コインの裏表の関係と言えるのです。

正攻法は、優秀なタレントが自然と集まってくるような、魅力的なプラットフォームにしていくことです。ただし、そうなるまでには時間がかかるので、最も手っ取り早いのは競合ファームから人材を引き抜くことです。

最終的には、個人の「職業選択の自由」が優先されますが、度を過ぎた「引き抜き工作」

を行った場合は、ファーム同士の訴訟にまで発展することもあります。ここでは、訴訟になった事案を2つ紹介します。

1つ目は、ベイカレントとフューチャーアーキテクトの裁判です。

2016年、フューチャーアーキテクトの執行役員だったA氏が、ベイカレントに引き抜かれます。しかしA氏は、フューチャーアーキテクトを退社しないまま、ベイカレントとも新たに雇用契約を結び、半年の間「二重雇用」となります。

そして、この二重雇用状態を利用して、フューチャーアーキテクトの機密情報（従業員名簿や顧客向け見積書など）を不正に入手し、競合のベイカレントに横流ししていたことが後に発覚します。A氏は、2018年に警視庁に逮捕され、刑事裁判の結果、不正競争防止法違反により、懲役1年と罰金50万円の有罪判決を受けます。

公判の過程では、A氏がベイカレントの採用担当者と定期的に打ち合わせを行っていたことも明らかになっています。実際、A氏の二重契約以降に約30人がベイカレントに移籍したとされます。

このように、個人の犯罪のみならず、組織ぐるみの犯行も疑われたため、フューチャーアーキテクトはベイカレントに対して、損害賠償を求める民事訴訟も起こしています。

2つ目は、デロイト トーマツ コンサルティング（DTC）と元執行役員（B氏）の裁判です。

2018年、B氏は競合のEYストラテジー・アンド・コンサルティングに移籍します。その後、B氏の元部下だった従業員4人も、後を追うようにEYへと移ります。

このような「チーム移籍」は、コンサルティング業界ではよくある話ですが、DTCは「悪質な引き抜き工作」を理由に、B氏に対して約1億2000万円の損害賠償を求める訴訟を起こします。

2022年の第一審の結果、「社会的相当性を逸脱した背信的な引き抜き」があったとして、B氏に対して約5000万円の支払いが命じられます。B氏は、判決を不服として控訴し、2023年に和解が成立したようです。

どの組織でも、人数規模が大きくなるにつれて、「政治」的な色合いが強まっていくのは致し方ないことなのかもしれません。

ただ、優秀な人材の貴重なエネルギーを、業界内でのファーム同士の「綱引き」のために無駄遣いせず、クライアントや社会のために有効活用してほしいと切に願います。

ALL ABOUT THE CONSULTING BUSINESS COLUMN

童話『モモ』の灰色の男たち

本章では、未来に目を向けるための反面教師として、コンサルティング業界の黒歴史について振り返ってきました。

そこで挙がった「社会問題への加担」も、「両手取引による利益相反」も、「度重なるシステムトラブル」も、「人材の引き抜き合戦」も、すべての元凶はコンサルティングファームの「売上至上主義」にあると考えています。

この状況について、50年前に寓話的に表現していた作品があります。それは、ミヒャエル・エンデ作の児童文学『モモ』です。子供向けには冒険ファンタジーの顔をしながら、大人向けには「時間の意味」を問うアレゴリー（寓意）を潜ませた、複層的な物語です。

『モモ』にはヒール役として、「時間貯蓄銀行」から来た「灰色の男たち」が登場します。彼らは、記号で呼ばれる個性のない存在で、「時は金なり」を合言葉に、町の人たちに時間の節約をすすめます。そして、浮いた時間を銀行に預ければ、利子がついて何倍にもなって返ってくると説いて回ります。

〝もしちゃんとしたくらしをする時間のゆとりがあったら、いまとはぜんぜんちがう人間になっていたでしょうにね。ようするにあなたがひつようとしているのは、時間だ。そうでしょう？〟

しかし、これは実はまやかしで、彼らは預けられた時間を「灰」にして生きる存在であり、町の人たちが効率を追求すればするほど、灰色の男たちはどんどん勢力を増していきます。

この灰色の男たちの台頭は、足元のコンサルティング業界の成長と重なります。例えば業務改善やコスト削減のプロジェクトでは、クライアントの時間やお金の使い方を効率化し、そこで捻出されたものを原資に、コンサルティングファームはフィーを受け取ります。つまり、クライアントが効率を追求すればするほど、コンサルティングファームが肥大化していくという構図にあるのです。

『モモ』の世界で、町の人たちは、銀行に預ける時間が増えていくのと裏腹に、徐々に心のゆとりや生活の豊かさを見失っていきます。そして、皆一様に灰色の男たちに似た個性のない存在になり、やがて町は灰色に染まっていきます。

〝仕事がたのしいとか、仕事への愛情をもって働いているかなどということは、問題ではなくなりました——むしろそんな考えは仕事のさまたげになります。だいじなことはただひとつ、できるだけ短時間に、できるだけたくさんの仕事をすることです。〟

〝時間をケチケチすることで、ほんとうはぜんぜんべつのなにかをケチケチしているということには、だれひとり気がついていないようでした。じぶんたちの生活が日ごとにまずしくなり、日ごとに画一的になり、日ごとに冷たくなっていることを、だれひとりみとめようとはしませんでした。〟

もちろん、「効率化という手段」そのものは悪ではなく、そこで浮いた時間やお金を「本来の目的」に沿った活動に振り向けられるのは素晴らしいことです。実際、この世界は灰色に染まるどころか、時代を経るごとに生活が豊かになっているのは、そういった企業活動の賜物だと思います。

一方で、先ほど取り上げたエンロン社やパーデュー社のような、世の中を灰色に染めかねない企業がかつて存在したこと、そして、その拡大に加担し、多額のフィーを受け取ったコンサルティングファームがいたことも、忘れてはいけない事実です。

企業活動において、コンサルティングファームを活用するのは1つの「手段」です。しかし、その「手段」であるはずのコンサルティングファームが、「売上至上主義」に走り、自己増殖を始めると、『モモ』のような世界を招いてしまいかねません。

『モモ』の世界では、灰色の男たちが、町の人たちが節約した貴重な時間を集めて、ただただ「灰」にしていました。

現実の世界では、コンサルタントたちが、クライアント企業が捻出したフィーをファームに集めていますが、そこに目的や意思がなければ、集めたお金は同じように、ただ「灰」になって雲散霧消してしまいます。

本来は、作りたい世界や、世の中に提供したい価値が先にあって、その理想を追求するためには売上規模も必要というのが、正しい順序のはずです。しかし、その意思がないまま、目先の売上を最優先する「手段の目的化」のような状況に陥ってしまうと、ここまで紹介してきたような「黒歴史（灰色の世界）」を繰り返すことになります。

コンサルティングファームも、そもそも何のために存在し、誰をクライアントとして、どのような支援を行い、受け取ったフィーを何に再投資していくのか、社会的な説明責任が、今後求められるようになっていくのではないでしょうか。

第9章

「AIの進化」に学ぶ これからのコンサルティングビジネスの世界

Chapter 9 :
The Future of Consulting

ALL ABOUT THE CONSULTING BUSINESS

1 VUCAが後押しするコンサル市場

前章では「暗い過去」の話が続きましたが、ここからは「明るい未来」を見据えた話をしていきます。第1章では、右肩上がりで成長を続けるコンサルティング市場について紹介しましたが、果たしてこれから先はどうなっていくのでしょうか。

結論から言うと、コンサルティング市場は今後も伸び続けると考えられます。そして、その傾向は「一時的なトレンド」ではなく、「構造的な変化」だと捉えています。

昨今は「VUCAの時代」とよく言われます。VUCAとは、Volatility（変動性）、Uncertainty（不確実性）、Complexity（複雑性）、Ambiguity（曖昧性）の4つの頭文字をとったもので、平たく言うと、現代は「先の読めない時代」ということです。

震源となっているのはテクノロジーの進化であり、そのスピードは年々加速しています。そして、それと呼応するように、事業のサイクルは年々短くなっています。

例えば、世界の時価総額上位に君臨するテクノロジー企業は、かつては「ＧＡＦＡＭ」、最近では「ＭＡＴＡＮＡ（FacebookがGoogleと入れ替わり、NVIDIAとTeslaが加わる）」とも呼ばれますが、Microsoft と Apple以外はすべて創業20〜30年前後の企業で占められています。

日本ではかつて、「終身雇用制度」が一般的でした。それはつまり、新卒で入社すると40年以上もの間、同じ会社で働き続けることが当たり前だったということです。

しかし、世の中の変化のスピードが速くなるにつれて、「事業や会社の寿命」の方が、「会社人生の寿命」よりも短くなっていきます。そうなると、会社側も半世紀近くもの間、同じ人材を「固定費」として抱え続けることが難しくなり、終身雇用制度は崩壊の一途をたどります。

時代の変化に柔軟に対応するために、人材を「変動費」化した企業は、かつては内製化していた仕事の一部を、外部に委託するようになります。その受け皿となっているのが、コンサルティングファームであり、足元の市場の拡大は、こうした需要に支えられているところが大きいのです。

また、「リーン（筋肉質）」な体制になった企業は、新型コロナのような非連続な変化が起こった際には、逆に脆弱性を露呈します。こうした企業は、急激な変化に対応するための余力を持ち合わせていないので、新たな生活様式に適応する際、コンサルティングファームをはじめとする外部の支援業者にお金が流れることも、すでに経験してきたことです。

要するに、変化のあるところには、常にコンサルティング需要が発生しています。そして、テクノロジーの進化が加速するのに同調して、コンサルティング市場が拡大していくのは、もはや「構造的な変化」と言えるのです。

ALL ABOUT THE CONSULTING BUSINESS

2 人生100年時代におけるコンサルキャリア

コンサルティング市場の今後について、クライアント企業側の視点から見てきたところで、次は人材側の視点から見ていきます。

「終身雇用」の時代には、新卒の就職活動は、今後40年の会社人生を決める、非常に重要な意思決定でした。しかも、その意思決定を、社会人経験のない学生が、限られた情報の中で行うという、「難題」に立ち向かっていたと言えます。

その中でコンサルティングファームは、定年まで勤めることを前提とした組織ではなく、いずれ卒業することを想定したキャリアアップの場であるため、将来の可能性を広く持ちつつ、社会に出ることができる選択肢として、人気を集めていきます。

東大生・京大生の就職希望ランキングの上位に、コンサルティングファームが並ぶようになって久しいですが、これは、終身雇用制度の崩壊を先読みしたキャリア選択とも受け取れます。

話は逸れますが、事業の意思決定において「リアルオプション理論」というものがあります。簡単に言うと、「複数の選択肢を持ち、将来の柔軟性のある事業の方が、柔軟性のない事業よりも価値がある」、そして「将来の不確実性が高い場合は、段階的に意思決定を行える方が、今すぐ意思決定を行うよりも価値がある」という考え方です。

このリアルオプションの考え方は、そのまま「人生の意思決定」にも適用できます。

VUCAの時代において、コンサルティングファームで働くということは、将来の柔軟性を保ちながら、段階的にキャリアパスを選べる、リアルオプション的な価値の高い選択とも言えます。

ときに、新卒コンサルタントは、「モラトリアム」期間中と言われることもあります。そこには往々にして、「社会人としてのスタンスが定まっていない」というような、ネガティブなニュアンスが含まれています。

しかし、リアルオプションの考え方に立つと、実は「モラトリアム＝意思決定を先延ばしする」という意思決定が、長い社会人人生における最良の選択になる場合もあるということです。

ここまで、新卒のキャリアを念頭に話をしましたが、終身雇用の終焉はすなわち、大量の中途人材の誕生を意味します。そして中途市場においても、コンサルティングファームは、人気の転職先となっています。それは、経済的な条件もさることながら、キャリアのステップアップの場として評価されている部分が大きいと推察されます。

昨今は「人生100年時代」と言われ、生涯現役でいるために「リカレント教育」が大事という話をよく耳にします。当然ながら、コンサルティングファームは教育機関ではないですが、第6章で紹介したような汎用スキルを身につけられる「修行の場」として、あるいは、プロジェクトを通じて最先端の知見や旬のテーマに触れられる「実践の場」として、「学び直し」の機会を提供する場面が今後増えていくと思われます。

また、人材の流動性が高まる中で、複数のキャリアを重ね合わせる人も今後増えていくと予想されます。そして、そのキャリアポートフォリオに、コンサルティングファームが入ってくることも容易に想像がつきます。

加えて、どのファームも基本的に「出戻りOK」なので、「自己実現にチャレンジする場」と「修行・実践の場（ファーム）」を往復する「リカレントキャリア」や、同時並行で進める「パラレルキャリア」を実践する人も、同じく増えていくことが見込まれます。

ALL ABOUT THE CONSULTING BUSINESS

3

"AIパワード"コンサルタント

2015年、「日本の労働人口の49%が人工知能やロボット等で代替可能に」と題する衝撃的なレポートが発表されました。

このレポートは、野村総合研究所と英オックスフォード大学の共同研究によるもので、10~20年後の姿として、タイトルの推計結果が示されました。しかし、2025年現在、すでにその期間に差しかかっていますが、相変わらず人手不足は続いています。

歴史を振り返ると、「産業革命」のときも、「情報革命」のときも、同じような議論があったようです。当然、代替されてなくなった仕事もたくさんありましたが、それ以上に新しいタイプの仕事が次々と生まれてくるというのが、これまで起こってきたことです。

そして現在は、「第四次産業革命」の最中と言われていますが、2020年の「世界経済フォーラム(ダボス会議)」の場では、「第四次情報革命によって、数年で8500万件の仕事が消失する一方で、９７００万件の新たな仕事が生まれる」という予測も発表されています。

実際のコンサルティングの仕事においても、ChatGPTなどの生成ＡＩツールを使っていると、自分がアナリストだった頃に行っていたリサーチ業務の大半は、すでに代替されてしまっていると感じます。

つまり、今のアナリストは、「生成ＡＩ」のアウトプットを発射台としながら、そこにオリジナルの価値を付加することが求められているということです。

また、定量分析を行う際も、昔はエクセルでピボットテーブルを操作していましたが、今では「ＡＩ（機械学習モデル）」が組み込まれたAlteryxなどを使いこなすことで、分析のスピードや精度を格段に向上させることができます。

このように、コンサルティングの仕事も時代とともに進化を続けており、今後も様々な「ＡＩ」が、コンサルタントの生産性を底上げしていくと予想されます。アクセンチュアのサービス名を借りるなら、〝ＡＩ ＰＯＷＥＲＥＤ〟されたコンサルタントが、次の時代のスタンダードになっていくのかもしれません。

ちなみに、「ＡＩ」という言葉は、バズワード的に使われることも多く、それを象徴的に表すものとして、「ＡＩ効果」と呼ばれる現象があります。

ＡＩ効果とは、かつて「ＡＩ」と呼ばれていたものも、実用化され日常生活に浸透すると、誰も「ＡＩ」と呼ばなくなるというパラドックスのことを指します。つまり、「ＡＩ」という言葉の指し示す範囲は時代とともに移ろい、その時点の「フロンティア」にあり、まだ世の中に広く浸透していないものが「ＡＩ」と呼ばれるということです。

この「ＡＩ」という言葉の特性には、「コンサルティング」とのシンパシーを感じます。「コンサルティング」も同じく、支援の手法や内容は時代とともに移ろい、ビジネス界の「フロンティア」にあり、まだ世の中に広く浸透していないものを取り扱っています。「ＡＩ」も、「コンサルティング」も、何をやっているのかを一言で説明するのは難しく、それだけで本を１冊書けてしまいますが、その背景には実はこうした事情があるのです。

ALL ABOUT THE CONSULTING BUSINESS

4 コンサルティングとAIが共存する未来

コンサルティングの仕事の中身が日々進化していく中で、ファームという「器」そのものや、そこでの「稼ぎ方（ビジネスモデル）」は、今後どのように変わっていくのでしょうか。ここで改めて、コンサルティング業界の中心にいる、総合ファームと戦略ファームの規模拡大に向けた動きに目を向けていきます。

最初は、「人材獲得」の観点から。

先ほど、コンサルティング業界は中途市場において、引き続き人気を博していると紹介しました。そして、その「援軍」となっているのが、転職エージェントになります。

そこでは、「キャリアアドバイザー」や「キャリアコンサルタント」と呼ばれる人たちが、求職者に対してコンサルティング業界の魅力を代弁し、転職の意思決定を後押ししてくれています。

転職エージェントが、コンサルティング業界を積極的に薦めるのには理由があります。それは、コンサルティングファームの年収が高いからです。転職エージェントの報酬は、「年収×手数料率」で決まるので、より年収が高い企業に転職した方が、取り分としては大きくなります。つまり、転職エージェントにはコンサルティング業界に人材を送り込むインセンティブがあるということです。

また、この報酬体系は、コンサルティング業界内の人材獲得競争に、「火に油を注ぐ」ことにもつながっています。前章では、違法な「人材の引き抜き合戦」について紹介しましたが、合法的な人材獲得合戦は「手数料率」で行われています。

かつて、手数料率の相場は30〜40%でしたが、最近では100%を超える条件を提示するファームも珍しくはありません。要するに、転職エージェントを介して、「札束」での人材の取り合いが繰り広げられており、「富めるものがますます富む」構造になっているのです。別の見方をすると、各ファームとも、なりふり構わず大枚をはたくほど、人材を欲しているということです。

続いて、「案件獲得」の観点から。

お金を積んで獲得した人材を、しっかり稼働させることができなければ、売上拡大にはつながりません。各ファームとも、人員数を増加させている中で、それらの人材を安定的に稼働させるためには、「ビッグクライアント（政府や大企業）」とがっぷり四つに組んで仕事をするという結論に達します。

このあたりは総合ファームに一日の長があり、「単発のプロジェクト（成果物）」ベースの受注のみならず、「長期契約の業務代行（人材派遣）」的な仕事を受注して、稼働を安定させています。

その最たる例が、アクセンチュアが推進する「ＪＶ戦略」です。ビッグクライアントとの共同出資で機能子会社を設立し、親会社の業務プロセス変革や、その後のＢＰＯ業務を一括で受託しています。

第2章で紹介したＢＣＧデジタルベンチャーズのＪＶ（新規事業による企業価値創出を狙う）とは異なり、アクセンチュアの場合は出資比率を20％以下にとどめており、ビッグクライアント周辺の案件を半永久的に受注することが狙いと推察されます。

ビッグクライアント（およびその合弁会社）の例としては、ユニクロ（ウェアレクス）、ＫＤＤＩ（ARISE Analytics）、資生堂（資生堂インタラクティブビューティー）、コカ・コーラ ボトラーズジャパン（ネオアーク）などがあります。

最後に、「売上拡大」の観点から。

ここまで紹介した話は、「人工（フィー）モデル」を前提とした規模拡大についてでした。しかし、このモデルでは「人」の頭数のかけ算以上には売上が増えていかないので、どこまでいっても「スケール（一気に拡大）」しないビジネスのままです。

この「効率の悪さ」を解消するべく、戦略ファーム各社が、「成果報酬型ビジネス」にチャレンジしていることも、第2章で紹介した通りです。

人的リソースに依存しないビジネスモデルとして、「人間の脳」ではなく、「人工知能（ＡＩ）」に働いてもらうという方向性も考えられます。第４章で、カスタムＡＩの開発を行うLaboro.AIにＰＥＲ１００倍の株価がついていることを紹介しましたが、それはこういった期待の表れとも見てとれます。

大手のコンサルティングファームも、当然のようにＡＩ領域に大規模な投資を行っています。例えば、総合ファーム（ＢＩＧ４＋アクセンチュア）はいずれも、ＡＩ領域に今後10億ドル以上を投資していく意向を表明しています。

すでに、ＰｗＣの「ChatPwC」やＫＰＭＧの「KymChat」、あるいは、マッキンゼーの「Lilli」など、ファーム内に蓄積されている知見やノウハウを機械学習したカスタムＡＩ

もリリースされています。

これらのサービスは、現時点ではファーム内でのサービス利用にとどまっており、当面はコンサルタント向けの〝ＡＩパワード〟ツールとしての役割を果たすと想定されますが、将来的にはクライアント向けにもサービスを提供していくことも考えられます。

そうなった場合、クライアントとのインターフェースは「人」ではなく「ＡＩ」となり、人的リソースに制約を受けない「スケール」するビジネスモデルが、ついに実現することになるかもしれません。

ALL ABOUT THE CONSULTING BUSINESS

5 フリーコンサルタントの台頭

ここまで、コンサルティング業界の中心において、総合ファームや戦略ファームがあの手この手で拡大を続けるさまを見てきました。ここからは、コンサルティング業界の末端での動きについて見ていきます。

第4章では、新興系のブティックファームが次々と生まれていることを紹介しました。さらにその先には、「ロングテール」のように「フリーコンサルタント」の市場が広がっています。大手コンサルティングファームが拡大するのに比例して、その卒業生たちが形成するフリーコンサルタント市場も拡大し、今後もその数は増え続けると予想されます。

フリーコンサルタントの市場は、その黎明期には「玉石混交」ともいえる状態でした。「コンサルタント」という職業は、他の士業と違って資格があるわけではないので、誰にでも名乗ることができます。2016年に、テレビのコメンテーターとして活躍していた

〝自称〟コンサルタントが、経歴詐称でバッシングを受けた事件がありましたが、実はそれと似たような人はたくさんいます。

しかし、そこから10年近くが経ち、市場は健全化の方向に進んでいます。その理由の1つとして、コンサルティング案件とフリーコンサルタントとの間をつなぐ「仲介会社（マッチングプラットフォーム）」が登場し、市場が整備されたことが挙げられます。

案件マッチングサービスを提供する会社は、すでに数十社にものぼり、各社とも自社のプラットフォーム上で案件が成約するよう、フリーコンサルタントを1次スクリーニングしたり、教育（お膳立て）したりしています。

マッチングビジネスは、基本的には「信用」で成り立っているので、市場が成熟するにしたがい、誠実な仕事をする人が正当な評価を受けられるようになってきています。逆に、不誠実な仕事をする人は、その評判は狭い業界の中ですぐに出回るので、徐々に淘汰されていきます。

では、フリーコンサルタントになるのは、どういう人でしょうか。

まず、大手のコンサルティングファームで数年以上の経験を積み、基礎的なコンサルティングスキルを習得していることが前提条件となります。その上で、フリーになる事情は人それぞれですが、その名の通り、「自由」が手に入るのが一番の理由かと思います。

フリーになることで、案件や働き方を自由に選べるというメリットがある一方で、雇用の安定性や社会的な信用を失うというデメリットもあり、最終的にそれらを天秤にかけることになります。

それでもなお独立するという人は、ポジティブに捉えると「覚悟」と「自信」がある人、ネガティブに捉えると「純粋」で「不器用」な人と言えそうです。

前者に関して、フリーコンサルタントは大手ファームの社員と違って、勝手に仕事が降ってきたり、何もしなくても給料が振り込まれたりすることはないので、常に自分から行動を起こす必要があります。また、自分の足で立ち、自分で自分を厳しく律して、「個」としてのブランドを築いていく必要もあります。

ファームに属していた時よりも、はるかにシビアな実力主義の環境になりますが、そこで生き抜く「覚悟」と「自信」がある人は、独立という道を選んでいます。実際に、フリーコンサルタントとして活躍している人は、総じて戦闘力が高く、その人らしい「エッジ」が立っています。

後者に関して、これはコンサルティングファームに限った話ではないですが、大きな組織に所属していると、ある種の矛盾を抱えながら仕事をしたり、社内の政治的な駆け引きに巻き込まれたりする場面が多々あります。また、会社と従業員という主従関係は、安定した給料と引き換えに、人生という時間を差し出すという、「共依存」ともいえる関係にあり、そこにストレスを感じる人もいます。

このような違和感とうまく折り合いをつけられない「純粋」な人や、大人の事情に要領よく迎合できない「不器用」な人もまた、フリーコンサルタントの予備軍となります。

そして、そういった「我慢」を続けるよりも、何かを実現したい・突き詰めたいという「純粋な想い」が勝った時に、大手ファームを飛び出すことになります。

ここでは、フリーコンサルタントにフォーカスを当てて紹介してきましたが、新興系のブティックファームを選ぶ大手ファーム卒業生もまた、同じ志向性を持っています。

このように、足元ではコンサルティング業界の裾野にも、個性的なタレントが集まるようになってきています。そして、不器用ながらも「純粋な想い」を持った人たちが、大手ファームの後ろ盾がなくても、その身1つで活躍できる土壌が整ってきています。

ALL ABOUT THE CONSULTING BUSINESS

6

「想い」を持った者同士が、新たな価値を共創する

コンサルティング業界の中心から末端まで概観してきたところで、これからのコンサルティングビジネスの展開について考察していきます。

まず、クライアント側の視点から見ると、新興系のファームやフリーコンサルタントが台頭してきたことで、単純に選択肢の幅が広がりました。加えて、仲介会社（マッチングサービス）が出てきたことで、数多くの選択肢の中からベストフィットするパートナーを選びやすくなっています。

前で紹介したのは、コンサルティング案件（またはファーム）とフリーコンサルタントのマッチング（B2CまたはB2B2C）でしたが、クライアントとファームのビジネスマッチング（B2B）を仲介する会社も出てきています。結果、その時々の目的やニーズに合わせて、専門のファームやフリーコンサルタントを、適材適所で起用することが可能

になってきています。

次に、コンサルタント側の視点から見ると、同じくファームの選択肢が増えたことで、価値観を共有でき、それぞれの「想い」の実現につながる場を、自由に選びやすくなりました。また、同じ「想い」を持ったクライアントと、ファームを介さず直接つながることも可能になってきています。

このように、選択肢が増え、情報の非対称性が減っていくにしたがい、クライアントとコンサルタントのマッチング精度が向上していきます。そして、コンサルティング業界は、大手ファームを中心とした「最大公約数」的な市場から、領域ごとに「個別最適化」された市場へと移行していきます。

これは、市場の成熟にしたがって、どの業界でも共通して起こる現象ではありますが、ことコンサルティング業界においては、具体的にどのような展開が見込まれるでしょうか。ここからは、個人的な願望も含めて、今後の行く末を予想してみます。

まず、これから起こり得る未来として、「想い（アスピレーション）」ベースのマッチングが増えていくことが考えられます。なぜなら、次の社会にとって本当に価値あるものは、個々人の中にある「純粋な想い」が起点となって生まれてくるからです。

そして、そのような「想い」を持ったクライアントと、それに共感するコンサルタントが出会った時、想像もできないような化学反応が起きて、驚くべき力が発揮されることを、これまでの経験から知っています。また、こうしたプロジェクトでは、コンサルタントのギアの入り方が違って、〝やらされ〟仕事ではなく、〝やりがい〟を持って取り組むので、おのずと成果につながり、結果的に足の長い仕事になることが多くなります。

このように、「想い」に共感する者同士が出会い、新たな価値を共創するような仕事の比率が、徐々に増えていくことが見込まれます。

逆に、「想い」のない仕事や「社会的意義」のない仕事は、自立したコンサルタントからは選ばれなくなります。また、アサインされたコンサルタントも、気持ちが乗らない状態で取り組むので、成果につながらず、徐々に淘汰されていくことが見込まれます。

次に起こり得る未来として、コンサルティングファーム自身も「想い」や「存在意義」をより問われるようになっていくと考えられます。

フリーコンサルタントが増えてきたとはいえ、個人で取り組めることには限界があるので、コンサルティングの活動の中心は、今後も引き続きファームになると想定されます。

そして、ファームの選択肢が増え、人材の流動性が高まる中で、「選ばれるファーム」になるための条件が、今後変わっていくことが見込まれます。足元では、コンサルタントの「囲い込み」や「引っ張り合い」が行われていますが、それらは短期的には効果があるかもしれませんが、長い目で見ると意味がなくなる（むしろ逆効果になる）と考えています。

そんなことにエネルギーを割くよりも、どのような「ビジョン（実現したい社会）」や「ミッション（果たすべき使命）」を掲げるかの方が、はるかに重要なファームの選択条件になり、同じ「想い」を持ったコンサルタントが、自然と同じファームに集うようになっていくと考えられます。

そこではやがて、同じ「想い」を持ったクライアントとの出会いも訪れ、新たな価値が次々と共創されるようになっていきます。

このように、コンサルティングという仕事を通じて、「想い」を実現できる場が、徐々に増えていくことが見込まれます。

逆に、自分たちの売上を最優先に考え、個々人の「想い」や仕事の「社会的意義」をないがしろにするファームは、過去に蓄積した「ブランド」や「経済的な条件」でしかコンサルタントを惹きつけられず、徐々に淘汰されていくことが見込まれます。

そしてその先に、「想い」を持ったファーム同士の緩やかな協力体制が生まれてくると考えています。

コンサルティングは、クライアントと共に新たな価値を創っていく仕事なので、本来的には限られたパイの奪い合いではありません。それぞれのファームが、それぞれの個性を活かし、共感するクライアントとタッグを組み、それぞれの「想い」の実現に向けて切磋琢磨していくのが、本来のあるべき姿です。

しかし、ファームの規模が大きくなるにつれて、同質化競争に陥り、コンサルティング業界内での「綱引き」や「陣取り合戦」ばかり行われているのが、現在の残念な姿です。

そうではなく、それぞれのファームが「想い」を明確に発信し、それぞれの個性を発揮すれば、「競争」ではなく「共創」が行われるようになるはずです。

そして、社会をより良くするために、ファームの垣根を越えてスクラムを組み、大きなチーム全体で価値を共創し、その成果をみんなで分かち合えるような形が、生まれてきて然るべきだと考えています。そしてそれは、それぞれのファームが立ち位置を明確にした上で、互いに他を尊重し、補完し合える関係性を築くことができれば、実現可能な姿だと考えています。

ここまで考察してきた内容は、性善説に基づく楽観的すぎる理想論かもしれませんが、こんなコンサルティングの未来が訪れるといいなと、勝手ながら思っています。

そして私自身も、コンサルティング業界の中の一当事者として、このような未来を実現できるよう、自らの立ち位置から、試行錯誤していきたいと思います。

ALL ABOUT THE CONSULTING BUSINESS COLUMN

ゴールドラッシュさながらのコンサル業界

本章では、活況を呈するコンサルティング業界について、様々な視点から見てきました。そこには、今まさに「金」や「人」が続々と集まってきており、現代の「ゴールドラッシュ」さながらの様相を帯びています。

歴史上、最も有名なゴールドラッシュは、19世紀半ばに、カリフォルニア州のサンフランシスコ周辺で起きました。今では「シリコンバレー」の名で呼ばれ、テクノロジー系のスタートアップのメッカとなっている地域ですが、1848年に金鉱脈が発見されるまでは、数千人程度が集まる小さな開拓地でした。

そこに、翌1849年から、後にアメリカンフットボールのチーム名にもなる、「49ers（フォーティーナイナーズ）」と呼ばれる30万人もの人たちが、一攫千金を夢見て一気に押し寄せます。

しかしながら、採掘者の中で、実際に一攫千金を手にしたのは、ほんの一握りでした。それは、生活インフラが整っていない地域に、短期間のうちに多くの人が殺到したことで、生活物資の高騰を招き、稼いだお金がそのまま、支出として消えてしまったためです。

実は、ゴールドラッシュで「金脈」を掘り当てたのは、採掘者本人ではなく、その周辺で採掘者向けにビジネスを営んでいた人たちでした。有名どころは、「Levi's」ブランドを持つアパレルメーカーの創業者、リーバイ・ストラウスで、採掘者向けにキャンバス地の丈夫な作業用ズボン（後のジーンズ）を販売して財産を築きました。他にも、スタンフォード大学の創立者、リーランド・スタンフォードも、採掘者向けに生活雑貨を販売して財をなしました。

当時のゴールドラッシュと同じような状況が、足元の日本のコンサルティング業界でも起こっています。コンサルティングビジネスの活況は、周辺のビジネスも潤し、なかには会社を上場させて財産を築いた人も生まれています。コンサルティング界隈で盛り上がりを見せるビジネス領域を、２つ紹介しましょう。

１つ目は、「⑴マッチングビジネス」です。

まず、クライアントとコンサルティングファームのマッチングがあります（⑴-①）。この領域は、現時点では参入プレーヤーがほとんどなく、カーニー出身

図11　コンサルティングファームの周辺ビジネス

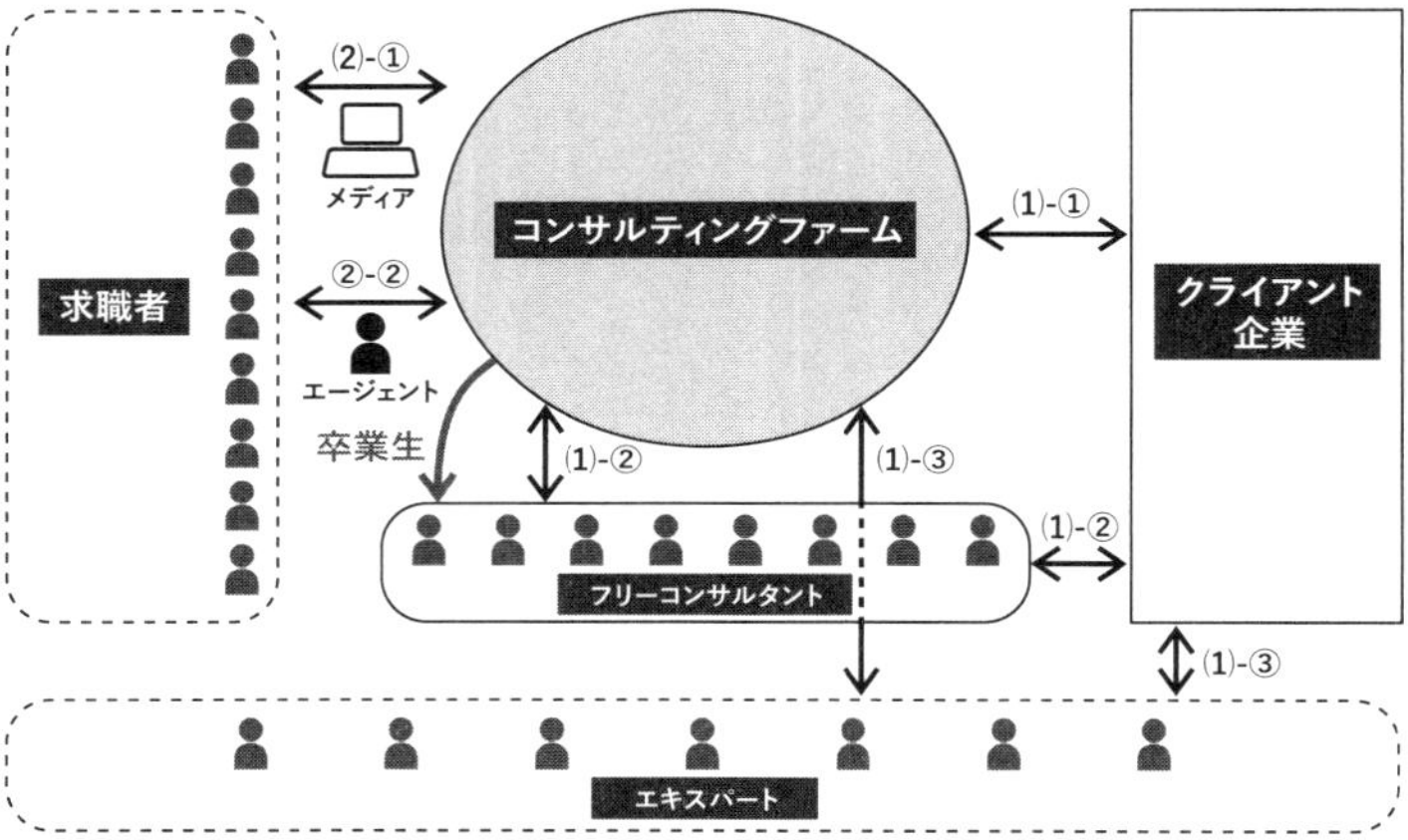

者が立ち上げた「PROFIT」が、ほぼ唯一のサービスとなっています。

次に、クライアントやファームとフリーコンサルタントの、案件単位でのマッチングがあります（⑴-②）。この領域には、すでに数十社が参入しており、案件の領域ごとに棲み分けがなされてきています。

例えば、戦略系の案件であれば、ベルガー出身者が立ち上げた「HiTalent（ハイタレント）」や、DTC出身者が立ち上げた「Strategy Consultant Bank」があります。また、スポーツ系の案件であれば、第7章で紹介した「NB.PRO CONSUL」があります。

さらに、クライアントやファームとエキスパートの、時間単位でのマッチング（スポットコンサル）があります（①-③）。代表的なサービスは「ビザスク」で、運営会社は、2020年に東証マザーズに上場しています。直近の決算（24年2月期）を見ると、マッキンゼー（約12億円）とBCG（約10億円）の売上が全体の約4分の1を占めており、他のファームも含めると、大部分をコンサルティング業界から稼いでいることが推察されます。

2つ目は、「⑵就職／採用支援ビジネス」です。

まず、コンサルティング業界を目指す求職者向けの情報メディア（広告ビジネス）があります（⑵-①）。代表的なサービスとして、新卒向けの「外資就活ドットコム」や中途向けの「Liiga」があり、運営会社（ハウテレビジョン）は、2019年に同じく東証マザーズに上場しています。なお、この上場した2社の創業者はいずれも、外資系投資銀行および投資ファンドの出身者で、コンサルティング業界の中の人ではなかったという点が、「カリフォルニア・ゴールドラッシュ」からのアナロジーがあって示唆深いです。

最後に、求職者とコンサルティングファームをつなぐエージェント（人材紹介ビジネス）があります（2-②）。こちらは前述の通り、足元では「手数料率」の吊り上げ合戦が行われており、労せずして稼いでいると推察されます。

この「エージェント（代理店）」というのは少し厄介で、第4章での電通を例に解説したように、どちら側の「代理人（利益代表）」なのかを、見極める必要があります。「キャリアアドバイザー」や「キャリアコンサルタント」を名乗られると、「転職」エージェントかのように思えますが、「手数料率」の多寡で求職者の人生を決めているところは、「採用」エージェントと呼ぶのが正しいです。

終章

コンサルティング
ビジネスの使命

Chapter 10 :

The Mission of Consulting Business

ここまで、コンサルティングビジネスが巨大化し、周辺のビジネスも巻き込んで、一大「産業」にまで成長しているさまを見てきました。

しかしながら、コンサルティングそのものは、社会にとっての「機能」であり、何かを実現するための「手段」でしかありません。にもかかわらず、足元では「売上至上主義」にドライブされて、「手段」の自己増殖が起きてしまっています。そして、この営みの果てには、第8章で紹介した『モモ』と同じように、「灰色の世界」を招きかねません。

一方で、個々のコンサルタントに目を向けてみると、「灰色の男たち」とは全く違い、みな個性や感情が豊かで、それぞれの「想い」を持っています。

では、この「組織（ファーム）」と「個人（コンサルタント）」の色彩のギャップは、一体どこから生じているのでしょうか。

その元凶は、プロフェッショナルファームが好んで使う、「クライアントファースト」という言葉にあると考えています。

この耳ざわりのいい「切り取り」言葉そのものは、否定すべきものではありませんが、どういう文脈で使われるかによって、その意味するところが全く違ってきます。

「売上至上主義」のファームでは、自分たちに多くの売上を運んでくれるクライアントが、最も重要になります。つまり、「クライアントファースト」とは「売上ファースト」のことを意味し、ひいては「自分たちファースト」を美しく言い換えているだけにすぎません。そこでは、個人の「想い」や仕事の「社会的意義」などは、すべて二の次となります。

そうではなく、理想を言うならば、ファームとしての「想い（アスピレーション）」や「存在意義（ビジョンやミッション）」が先にあり、その実現に向けて伴走したいと思えるクライアントを最も大切にするというのが、あるべき姿ではないでしょうか。

つまり、「クライアントファースト」とは、「アスピレーションファースト」のことを意味し、ひいては「社会的価値ファースト」を言い換えたものであるべきだと思います。

さらに、「クライアントファースト」という言葉には、「コンサルタントセカンド」というニュアンスが、暗に含まれています。

それはつまり、「十人十色」のコンサルタントを、意思や感情を持たない「黒子」へと押し込めようとする、危険な「マジックワード」でもあります。そして、その役割に染まりきったコンサルタントは、いつの間にか「灰色の男たち」のようになってしまいます。

そうではなく、コンサルタント自身も、次の社会に対する明確な「意思」を持つべきだと思います。そして、人生の一部を使って取り組んだ仕事が、クライアントを介して社会に与える影響について、自覚と責任を持つべきです。

最後に、本書のタイトルと矛盾することを言いますが、「コンサルティング」そのものを「ビジネス」と捉えて、拡大再生産を目指してはいけないのだと思います。

そして、コンサルティングは、どこまで行っても「目的」にはなりえないのですから。

「コンサルティング」という「手段」の無意味な無限増殖を食い止めるためにも、改めて本来の「目的」に立ち返るべき時が来ているのではないでしょうか。

これから、コンサルティング業界を目指す人は、ゼロベースで考えてみてほしいです。「自らのキャリアにおいて、コンサルティングファームで働くという経験は、どのような意味を持つのか」、そして、「その先の人生において、何を自己実現したいのか」と。

今、コンサルティング業界にいる人は、改めて胸に手を当てて問うてみてほしいです。「自分は今、何のためにコンサルティングをしているのか」、そして、「これからの人生において、培ったコンサルティングスキルを、何のために活かしていくのか」と。

どこかで、コンサルタントと接する機会があったら、ぜひとも聞いてみてほしいです。「あなたは、何のために、コンサルティングをしているのですか」と。

おわりに

こちらから問いかけをしたままで終わるのは良くないので、最後に少しだけ、私たち(SHAPE Partners)の「想い」について紹介させてください。

2022年8月、既存の「コンサルティングビジネス」を「アンチテーゼ」としながら、その課題解決を具現化するために、次の3つのコンセプトを核としたプラットフォームを立ち上げました。

・「売上至上主義」ではなく、「価値至上主義」
・「クライアントファースト」ではなく、「アスピレーションファースト」
・「人材の囲い込みモデル」ではなく、「自律したプロフェッショナルの連携モデル」

社名には、次の社会を共に創る(SHAPE)伴走者(Partners)でありたいという想いを込め、そして、「想いを持ったクライアント」と「想いを持ったプロフェッショナル」が新たな価値を共創するプラットフォームとなるべく、小さな「旗」を掲げました。

その「想い」に共感してくれる仲間が、1人また1人と増え、かつての同僚を中心に、現在では20名を超えるメンバーが、この旗のもとに集まってくれています。

創業時に掲げたのは、既存のコンサルティングビジネスに対する「アンチテーゼ」でしたが、少なからぬ共感を得て、そのコンセプトに間違いはないと自信が持てました。

次の展開として、今度は自分たちの「テーゼ」を創るべく、集まってくれた仲間全員で、ビジョン・ミッションを策定しました。

・ビジョン：一人ひとりの生活を〝笑顔〟・〝感動〟・〝熱狂〟で彩り続ける
・ミッション：想いを持つ仲間たちと〝人間らしさ〟を共創する

そして、私も含め、今いるメンバーの「想い（アスピレーション）」の発露として、次の3つを主な活動領域としています。

・当たり前の日常生活に〝笑顔〟をもたらす「コンシューマー領域」
・笑顔、喜びの先にある〝感動〟を与える「エンターテインメント領域」
・さらにその先の〝熱狂〟まで生み出す「スポーツ領域」

再び、本書の内容と矛盾するようなことを言いますが、自分たちの活動を定義する際、できるだけ「コンサルティング」という言葉を使うことは避けました。

それは、「コンサルティング」がすでに〝手垢〟のついた言葉になってしまっていること、そして私たちが「コンサルティング」の新しいモデルを創っていきたいと考えていることが、その理由です。

そもそも、新参者として、既存のコンサルティングファームと同じことをやるのでは、存在意義がありません。一方、幸いなことに足元では引き合いも多く、このままでは規模が拡大し、組織が自己増殖をはじめ、大手ファームと同じ道をたどる可能性も出てきます。

そうならないための現時点の仮説は、「のれん分け」モデルです。人材を「囲い込み」、ファームの規模を拡大していくのではなく、「自律したプロフェッショナル」が、どこかのタイミングでそれぞれの「旗」を立て、独立していくのが望ましい姿だと考えています。

すでに、スポーツにアスピレーションを持つメンバーが「SHAPE Sports」を、海外にアスピレーションを持つメンバーがシンガポールで「SHAPE Global Partners」を立ち上げ、それぞれ別の組織として新たなチャレンジを始めています。

このように、SHAPEファミリーが、それぞれの持ち場で、それぞれの個性を発揮し、緩やかに連携しながら、新たな価値を共創していくのが、理想の形だと考えています。その答え合わせは、数年後にまた振り返りたいと思います。

本書のお声がけをいただいたのは、ちょうど第2期の決算が終わったタイミングでした。会社が立ち上がったばかりで、まだまだこれからという大事な時期に、本書の執筆に時間を使っていいのだろうかと、お引き受けするかどうか、正直迷いました。

一方、この業界の課題解決のために起業して、手ごたえを感じ始めていた頃でもあり、その影響力の範囲を拡げていきたいと考えていたところでもありました。また、メンバーも、私自身のチャレンジについて、快く背中を押してくれたことで、覚悟が決まりました。

書き始めてみると、思っていたよりも時間がかかりましたが、自分の中でモヤモヤしていたものを1つひとつ言語化していく、貴重な経験となりました。また、その過程では、「漠然とした問題意識」が「明確な課題意識」に変わり、自分たちが取り組んでいることに対して、「根拠のない自信」が「揺るぎない確信」に変わっていく感覚もありました。

最後になってしまいましたが、私が他のことに時間を使っている間も、変わることなくクライアントや社会に価値を届け続けてくれているSHAPEメンバーには、感謝しかありません。また、プロジェクトを始め、様々な場面で助けてもらっているSHAPEファミリーの皆さんにも、深く感謝しております。いつもありがとうございます！

思考の整理が済み、伝えたいことは書けたので、本業に復帰します！

『コンサルティングビジネス』出典

●書籍

酒見賢一『墨攻』新潮社／1994年

ミヒャエル・エンデ、大島かおり訳『モモ』岩波書店／2005年

エリザベス・イーダスハイム、村井章子訳『マッキンゼーをつくった男 マービン・バウワー』ダイヤモンド社／2007年

ダフ・マクドナルド、日暮雅通訳『マッキンゼー――世界の経済・政治・軍事を動かす巨大コンサルティングファームの秘密』ダイヤモンド社／2013年

千代田邦夫『闘う公認会計士』中央経済社／2014年

並木裕太『コンサル一〇〇年史』ディスカバー・トゥエンティワン／2015年

ベス・メイシー、神保哲生訳『DOPESICK アメリカを蝕むオピオイド危機』光文社／2020年

神川貴実彦『新版 コンサルティングの基本』日本実業出版社／2021年

湊隆幸『人生のリアルオプション』中央経済社／2022年

●オンライン媒体

コンサルティング各社ホームページ

上場企業各社の有価証券報告書

各府省庁の落札実績および行政事業レビュー

ダイヤモンド・オンライン記事

東洋経済オンライン記事

日経クロステック記事

The New York Times 記事

Bloomberg 記事

Forbes 記事

コダワリ・ビジネス・コンサルティング株式会社「コンサルのあんなこと、こんなこと」

Mordor Intelligence「Consulting Service Market Size & Share Analysis」

［著者略歴］
藤熊浩平（ふじくま・こうへい）
株式会社SHAPE Partners代表取締役CEO
東京大学理学部地球惑星物理学科卒業、同大学院新領域創成科学研究科（修士）を修了後、A.T. カーニー、ボストン コンサルティング グループ等を経て、SHAPE Partnersを創業。一貫して、エンタメ／スポーツ、消費財、ヘルスケア、メディア等のクライアントとともに、事業戦略、マーケティング戦略、新規事業開発等のプロジェクトに従事。共著書に『コンサルが読んでる本 100＋α』（中央経済社）、企画協力した書籍に『ホークスメソッド』がある。

コンサルティングビジネス

2025年4月1日　初版発行

著　者　藤熊浩平

発行者　小早川幸一郎

発　行　株式会社クロスメディア・パブリッシング
〒151-0051 東京都渋谷区千駄ヶ谷4-20-3 東栄神宮外苑ビル
https://www.cm-publishing.co.jp
◎本の内容に関するお問い合わせ先：TEL（03）5413-3140／FAX（03）5413-3141

発　売　株式会社インプレス
〒101-0051 東京都千代田区神田神保町一丁目105番地
◎乱丁本・落丁本などのお問い合わせ先：FAX（03）6837-5023
service@impress.co.jp
※古書店で購入されたものについてはお取り替えできません

印刷・製本　株式会社シナノ

 ISBN978-4-295-41081-2　C2034